CALORIES
PROTÉINES
HYDRATES DE CARBONE
ET SELS MINÉRAUX

D1383991

CALORIES
PROTÉINES
HYDRATES DE CARBONE
ET SELS MINÉRAUX

Collection dirigée par

CHARLES BORDELEAU

ÉDITIONS HÉRITAGE
MONTRÉAL

Conception graphique de la couverture: Martin Dufour
Photo de la couverture: Paul Casavant

Dépôts légaux: 1er trimestre 1979
Bibliothèque nationale du Québec
Bibliothèque nationale du Canada

ISBN: 0-7773-3971-4   Imprimé au Canada

LES ÉDITIONS HÉRITAGE INC.
300, Arran, Saint-Lambert, Qué. J4R 1K5
(514) 672-6710

INTRODUCTION

COMMENT SE SERVIR DE CE PETIT GUIDE

Les abréviations inscrites en tête de colonne de chaque page doivent se lire comme suit :

"P"   signifie PROTÉINES.

   Les points noirs (•) apparaissant dans la colonne "P" indiquent les aliments et boissons à **forte teneur en protéines.**

"CAL"   signifie CALORIES.

   Cette colonne indique le nombre de calories contenues dans tel aliment ou telle boisson.

"S"   signifie SELS minéraux.

   Les astérisques (*) apparaissant dans la colonne "S" indiquent les aliments et boissons à **forte teneur en sels.**

"HC"   signifie HYDRATES DE CARBONE.

   Cette colonne indique le nombre d'hydrates de carbone (en grammes) contenus dans tel aliment ou telle boisson.

   Le nombre d'hydrates est parfois remplacé par la lettre T (Trace) lorsque ces hydrates ne se trouvent qu'en très faible quantité.

A la suite des noms d'aliments, vous verrez souvent l'indication : PORTION NORMALE (ou en abrégé : p.n.). Une portion normale varie de 3½ à 4 onces.

Il est entendu que les calories, minéraux, vitamines, etc., peuvent varier d'une région à l'autre, selon les sols et cultures, et selon la façon d'apprêter les aliments. Toutefois, les chiffres indiqués dans ce Guide sont généralement justes.

CALORIES NÉCESSAIRES CHAQUE JOUR
FEMMES

HAUTEUR	PETITE TAILLE	TAILLE MOYENNE	GRANDE TAILLE
4' 11"	1635	1725	1845
5' 0"	1665	1770	1890
5' 1"	1695	1800	1935
5' 2"	1740	1845	1995
5' 3"	1785	1875	2040
5' 4"	1845	1950	2100
5' 5"	1890	1995	2145
5' 6"	1950	2040	2220
5' 7"	2010	2130	2280
5' 8"	2055	2175	2340
5' 9"	2115	2235	2400
5' 10"	2175	2295	2460
5' 11"	2220	2340	2505
6' 0"	2265	2415	2580

CALORIES NÉCESSAIRES CHAQUE JOUR
HOMMES

HAUTEUR	PETITE TAILLE	TAILLE MOYENNE	GRANDE TAILLE
5' 2"	1845	1965	2085
5' 3"	1890	2010	2130
5' 4"	1950	2070	2205
5' 5"	2010	2130	2265
5' 6"	2045	2175	2325
5' 7"	2115	2235	2400
5' 8"	2175	2310	2460
5' 9"	2235	2370	2520
5' 10"	2295	2430	2595
5' 11"	2355	2490	2670
6' 0"	2430	2565	2745
6' 1"	2505	2640	2820
6' 2"	2595	2730	2910
6' 3"	2670	2805	3000

POIDS IDÉAL
FEMMES

HAUTEUR	PETITE TAILLE	TAILLE MOYENNE	GRANDE TAILLE
4' 10"	92- 98	96-107	104-119
4' 11"	94-101	98-110	106-122
5' 0"	96-104	101-113	109-125
5' 1"	99-107	104-116	112-128
5' 2"	102-110	107-119	115-131
5' 3"	105-113	110-122	118-134
5' 4"	108-116	113-126	121-138
5' 5"	111-119	116-130	125-142
5' 6"	114-123	120-135	129-146
5' 7"	118-127	124-139	133-150
5' 8"	122-131	128-143	137-154
5' 9"	126-135	132-147	141-158
5' 10"	130-140	136-151	145-163
5' 11"	134-144	140-155	149-168
6' 0"	138-148	144-159	153-173

HOMMES

HAUTEUR	PETITE TAILLE	TAILLE MOYENNE	GRANDE TAILLE
5' 2"	112-120	118-129	126-141
5' 3"	115-123	121-133	129-144
5' 4"	118-126	124-136	132-148
5' 5"	121-129	127-139	135-152
5' 6"	124-133	130-143	138-156
5' 7"	128-137	134-147	142-161
5' 8"	132-141	138-152	147-166
5' 9"	136-145	142-156	151-170
5' 10"	140-150	146-160	155-174
5' 11"	144-154	150-165	159-179
6' 0"	148-158	154-170	164-184
6' 1"	152-162	158-175	168-189
6' 2"	156-167	162-180	173-194
6' 3"	160-171	167-185	178-199
6' 4"	164-175	172-190	182-204

LES ALIMENTS À FAIBLE TENEUR
EN CALORIES
(recommandés pour diètes)

P		S	P		S
• Abalone		*	Groseilles		
• Agneau (maigre)		*			
• Aiglefin		*	Haricots verts ou jaunes		
Ananas		*	• Homards		*
Artichauts			• Huîtres		*
Asperges					
Aubergines			Jus d'orange non sucré		
			Jus de pamplemousse		
Baies			non sucré		
Betteraves		*	Jus de tomate		
• Boeuf					
Boissons gazeuses			• Lait écrémé		
(à faible teneur			Laitue		
en calories)			Lime		
Bouillon		*			
• Brochet			Melon de miel		
Brocoli			• Morue		
			• Moules		
Café noir					
Cantaloup			Navets		
Carottes					
Céleri		*	Oignons		
Cerises			Oranges		
Champignons					
Chou			Pain de son et beurre		
Choucroute		*	• Palourdes		*
Choux de Bruxelles			Pamplemousse		
Chou-fleur			Panais		
Citrons			Pêches		
Cocktail aux fruits frais			• Perche		
Concombres			Persil		
Conserves de fruits			• Pétoncles		
sans sucre		*	Pickles (non sucrés)		*
Consommés		*	Pissenlits		
Courges-gourdes			Poires		
• Crabes			Poireaux		
Cresson			Pommes		
• Crevettes			• Poulet		
			Prunes		
Dill pickles		*			
			Radis		
Endives			Raisins frais		
Épices			Rhubarbe		
Épinards					
			Salades à faible teneur		
• Flétan			en calories		
Fraises					
Framboises					
• Fromage au lait écrémé		*	Tangerines		
• Fromage cottage		*	Tomates		
• Gélatines non sucrées		*	• Veau (maigre)		

LES ALIMENTS À FORTE TENEUR EN CALORIES
(non recommandés pour diètes)

P		S	P		S
•	Bacon			Lait malté	
	Bananes			Lentilles	
	Beignes				
	Beurre			Macaroni	
	Beurre d'arachide	*		Mayonnaise	*
	Bière			Mélasse	
	Biscuits (tous genres)			Miel	
•	Boeuf mariné (corned)	*		Mousses	*
	Boissons alcooliques			Muffins	*
	Boissons gazeuses				
			•	Noix	
	Cacao au lait			Nouilles	
•	Canards	*			
•	Caviar		•	Oies	*
	Chocolat	*			
	Confiseries			Patates chips	
	Confitures			Patates sucrées	
	Crèmes	*		(confites)	
	Crème glacée	*		Pâtes	*
	Crêpes	*		Pâtisseries	*
			•	Poissons dans l'huile	*
	Dattes			Pommes au four avec	
				sucre	
	Fèves au lard	*		Porc	*
	Fèves-gourganes, lima,		•	Poulet à la King	*
	soya	*		Pretzels	*
	Figues séchées			Pruneaux	
•	Fromages	*			
	Fruits secs			Raisins secs	
	Gâteaux			Sauces	
	Gelées		•	Saumon	
	Goulasch			Sirops	
				Soupes à la crème	*
•	Homard Newburg		•	Steaks	
				Sucre	
•	Jambon	*		Sundaes	*
	Lait fouetté				

A

ALIMENTS	CAL	S	HC
A-1 Sauce, 1 c. à table	10	*	0
• Abalone (haliotide), portion normale	104		2
Abricot, beurre d', 1 c. à table	36	*	8
Abricot, compote d', p.n.	73	*	19
Abricot, confitures d', 1 c. à table	53	*	14
Abricot, gâteau renversé à l', p.n.	274	*	38
Abricot, mousse à l', p.n.	111	*	24
Abricot, tarte à l', 1/8	252	*	31
Abricot, tarte à l', avec meringue, p.n.	254	*	45
Abricot, tarte à l', avec pruneaux, p.n.	254	*	31
Abricots en conserves, avec sucre, 3 moitiés	52	*	20
Abricots en conserves sans sirop, 3 moitiés	29	*	8
Abricots secs, 3 moitiés	52		11
Abricots surgelés, 5 moyens	103		22
• Agneau au barbecue, portion normale	352	*	0
• Agneau bouilli, portion normale	251	*	15
• Agneau, côtelettes d', frite, 1 — 1 pouce épais	325	*	0
• Agneau, côtelette d', grillée, 1 — 1 pouce épais	253	*	0
• Agneau, épaule d', rôtie, p.n.	351	*	0
• Agneau, foie d', portion normale	154	*	2

P	ALIMENTS	CAL	S	HC
•	Agneau, gigot d', rôti, p.n.	177	*	0
•	Agneau, langues d', en conserves, 3 tranches	153	*	0
•	Agneau, rognons d', p.n.	121	*	2
•	Aiglefin grillé, portion normale	182		0
•	Aiglefin avec sauce à la crème, p.n.	233		3
•	Aiglefin frit, portion normale	252		6
	Ail, 1 gousse	2		T
	Ail, pain à l', avec 1 c. à table de beurre, 1 tranche	86	*	11
	Ail, sauce à l', 1 c. à table	102		3
	Ail, vinaigrette à l', 1 c. à table	102		4
•	A la King, poulet, 1/2 tasse	377	*	4
	Alaska au four, portion normale	352		28
	Alexander, 1 cocktail	223		1
	Alexander au brandy, 1 verre à cocktail	243		1
	Alexander au gin, 1 verre à cocktail	227		1
	All-bran, 1 tasse	103	*	36
	Amandes, biscuits aux, 2 moyens	48		9
	Amandes décortiquées, 12 moyennes	98		3
	Amandes et café, gâteau aux, p.n.	223		33
	Amandes et chocolat, 1 tablette normale	263		17
	Amandes, extrait d', 2 c. à table	6		0
	Amandes, fudge aux, 1 carré de 1 pouce	113		22

P	ALIMENTS	CAL	S	HC
	Amandes, gâteau aux, p.n.	253	*	36
	Amandes, macaron aux, 1 gros	103		16
	Amandes salées, 12 moyennes	102	*	3
	Ambroisie, portion normale	142		23
	Ambroisie à l'orange, 1 portion	142		28
	Ananas, crème glacée à l', p.n.	152	*	14
	Ananas en conserves, 1 tranche	75	*	18
	Ananas en conserves, écrasés, 1/2 tasse	100	*	15
	Ananas frais, 1 tasse	75		16
	Ananas, gâteau renversé à l', p.n.	277	*	38
	Ananas, gâteau au fromage et à l', p.n.	352	*	17
	Ananas, glaçage à l', 1 c. à table	52		6
	Ananas, mousse à l', portion normale	352	*	35
	Ananas, soda à la crème glacée et à l', p.n.	376	*	50
	Ananas, sorbet à l', p.n.	103	*	29
	Ananas, sundae à l', p.n.	402	*	39
	Ananas, tarte à la crème et à l', p.n.	402	*	57
	Ananas, tarte au fromage et à l', p.n.	352	*	57
	Anchois, 6	52	*	T
	Anchois, pâte d', 1 c. à table	52	*	1
•	Anchois et fromage, pizza, 1/6 — 12 po. dia.	226	*	23
	Anges, gâteau des, portion de 2 pouces	104	*	22
•	Anguilles grillées, portion normale	186		0

ALIMENTS	CAL	S	HC
Anis, 1/8 de c. à table	0		0
Anis, biscuits à l', 2 petits	52		9
Anis, graines d', 1/8 de c. à table	0		0
Arachides, 10	101		3
Arachides, beurre d', 1 c. à table	102	*	3
Arachides, huile d', 1 c. à table	101		0
Arrow-root, 1 c. à table	32		10
Arrow-root, farine d', 2 onces	227		40
Artichaut, 1 gros	74		11
Artichaut avec sauce hollandaise, 1 c. à table, 1	172	*	11
Artichaut, coeur d', 1 moyen	53		10
Artichaut de Jérusalem, cru, 1 gros	83		17
Artichaut farci avec champignons, 1	103		11
Asperges, 12	25		4
Asperges avec sauce à la crème, 2 c. à table, 12	176	*	7
Asperges avec vinaigrette, p.n.	172	*	4
Asperges, crème d', 1 tasse	204		13
Asperges en conserves, 12	25		3
• Asperges, omelette aux, 2 oeufs	224		1
Aspic aux tomates, portion normale	37		9
Aubergine au four, à l'italienne, p.n.	476		26
Aubergine à la Parmigian, p.n.	602		26
Aubergine en tranches, p.n.	252		13
Au gratin, chou-fleur, p.n.	82		14

ALIMENTS	CAL	S	HC
Au gratin, macaroni, p.n.	252	*	30
Au gratin, pommes de terre, p.n.	226	*	16
Avocat, 1 petit	427		8
Avocat, salade d', portion normale	274		10

B

ALIMENTS	CAL	S	HC
Babeurre, 1 tasse	84	*	12
Babeurre, biscuits au, 2 petits ou 1 gros	112		15
• Bacon, 3 tranches (croustillant)	104	*	T
• Bacon canadien, 1-1/2 once	102	*	T
• Bacon canadien frit, 4 onces	252	*	T
• Bacon canadien grillé, 4 onces	252	*	T
• Bacon frit, 3 tranches (croustillant)	103	*	T
Bacon, graisse de, 1 c. à table	52	*	1
• Bacon grillé, 3 tranches (croustillant)	102		1
Bagel, 1	112		23
Banana split, 1	453		75
Banane, 1 moyenne	103		23
Banane au four, 1 moyenne	174		23
Banane, beignet à la, 1 moyen	203	*	12
Banane, crème à la, p.n.	205	*	24

P	ALIMENTS	CAL	S	HC
	Banane, gâteau à la, p.n.	203	*	36
	Banane, shortcake à la, p.n.	252	*	44
	Banane, tarte à la crème de, p.n.	352	*	56
•	Barbecue, agneau au, p.n.	352		0
•	Barbecue, boeuf au, p.n.	301		0
•	Barbecue, petites côtes de porc (spareribs), 6 côtes	252		1
•	Barbecue, poulet au, p.n.	202		0
•	Barracuda, portion normale	133		0
	Basilic, 1/8 de c. à table	0		0
	Bâton de cannelle, 1	0		0
	Beigne, 1 moyen	152	*	21
	Beigne à la gelée, 1 moyen	252	*	37
	Beigne français, 1 moyen	201	*	21
	Beigne saupoudré de sucre, 1	177	*	16
•	Bel Paese, fromage, 1-1/2 once	152		T
	Beurre, portion normale	52		T
	Beurre, 1 c. à table	102		7
	Beurre, biscuits au, 6	104		19
	Beurre d'abricot, 1 c. à table	36		8
	Beurre d'arachide, 1 c. à table	102	*	3
	Beurre de pomme, 1 c. à table	38		9
	Beurre, 1 c. à table	104		T
	Beurre, glaçage au, 1 c. à table	56		6
	Beurre, sauce au citron et au, 1 c. à t.	20		2

P ALIMENTS	CAL	S	HC
Betteraves, 1/2 tasse	18	*	4
Betteraves avec beurre, 1/2 tasse, 1 c. à table	73	*	9
Betteraves, Borscht de, 1 tasse	72	*	18
Betteraves marinées, 1/2 tasse	72	*	10
Betteraves, sucre de, 1 c. à table	18		4
Biscuits à l'anis, 3 petits	52		9
Biscuits aux amandes, 2 moyens	48		9
Biscuits au babeurre, 2 petits ou 1 gros	112	*	15
Biscuits au beurre, 6	104		19
Biscuits aux brisures de chocolat, 3 petits	63	*	15
Biscuits au caramel, 1	117		11
Biscuits au chocolat, 3 petits	49		9
Biscuits aux dattes, 2 moyens	104		15
Biscuits à la farine d'avoine, 1 gros	102	*	15
Biscuits aux noix, 2 onces	252	*	32
Biscuits à la poudre à pâte, 2 petits ou 1 gros	101	*	15
Biscuits aux raisins, 1/4 de livre	502		90
Biscuits salés, 6	101	*	36
Blanc d'oeuf, 1	63	*	T
• Bleu, fromage, 1-1/2 once	152	*	T
Bleuets, confitures de, 1 c. à table	52		14

	CAL	S	HC
Bleuets, crêpe aux, 1 de 4 pouces dia.	122		12
Bleuets en conserves, 1/2 tasse	124		26
Bleuets frais, 1 tasse	103		7
Bleuets, gâteau aux, p.n.	172		20
Bleuets, gâteau renversé aux, p.n.	276		38
Bleuets, gaufre aux, 1 de 4 pouces	122		12
Bleuets, muffin aux, 1 moyen	151		23
Bleuets, tarte aux, 1 portion	377		38
Bleuets, tarte à la crème et aux, p.n.	402		56
Bleuets, tartelettes aux, 1 moyenne	228		21
• Boeuf au barbecue, portion normale	301		0
• Boeuf, bouilli de, 1 tasse	252		15
• Boeuf braisé, portion normale	202		0
• Boeuf, cervelle de, portion normale	202	*	2
• Boeuf, cervelle de, frite, p.n.	252	*	2
• Boeuf, chop suey au, 1/2 tasse	276	*	4
• Boeuf, coeur de, 3 onces	102		T
• Boeuf, coeur de, au four, p.n.	137		0
• Boeuf, coeur de, grillé, p.n.	137		0
• Boeuf, consommé de, 1 tasse	37	*	0
• Boeuf, croquettes de, 2 onces	202		0
• Boeuf, curry au, portion normale	402		7
• Boeuf en conserves, 4 onces	252	*	0
• Boeuf, filet mignon de, p.n.	253		0
• Boeuf, foie de, portion normale	162	*	6
• Boeuf grillé, portion normale	252		0

P ALIMENTS	CAL	S	HC
• Boeuf haché, portion normale	252		9
• Boeuf, langues de, en conserves, 2 tranches moyennes	101	*	0
• Boeuf, langues de, fraîches, 2 tranches m.	101		0
• Boeuf, langues de, marinées, 2 tranches m.	102	*	0
• Boeuf, paleron de, portion normale	304		0
• Boeuf, pâté de, portion normale	372	*	32
• Boeuf, pâté de rognons et de, p.n.	374	*	24
• Boeuf, petites côtes braisées, p.n.	204		0
• Boeuf, ragoût irlandais de, 1 tasse	252		7
• Boeuf, ris de, petite portion	126		15
• Boeuf, rognons de, portion normale	226	*	2
• Boeuf, rôti de, portion normale	202	*	0
• Boeuf séché, 3 onces	177	*	0
• Boeuf, sirloin, portion normale	204		0
• Boeuf, steak de, portion normale	202		0
• Boeuf, steak à la suisse, 1-1/2 onces	152		14
• Boeuf, steak haché, portion normale	202		0
• Boeuf, steak porterhouse, p.n.	402		0
• Boeuf, steak de ronde, p.n.	204		0
• Boeuf, steak T-bone (filet), p.n.	203		3
• Boeuf, steak tenderloin, p.n.	202		0
• Boeuf Strogonoff, portion normale	352		0
Boeuf, tripes de, 4 onces	172		0

ALIMENTS	CAL	S	HC
• Bologne, saucisse de, 2 onces	124		T
Bonbons, 1 moyen	52		9
Borscht, 1 tasse	72	*	18
Boston, tarte à la crème, 1 portion	403		56
• Bouillabaisse, portion moyenne	526		13
Bouillon de boeuf, 1 tasse	32	*	0
Bouillon de palourdes, 6 onces	52	*	T
Bouillon de poulet, 1 tasse	25	*	0
• Boulettes de Matzo, 1 moyenne	126		17
• Boulettes de morue, 1 moyenne	106		5
• Boulettes de viande, 1 boul., 2 on.	203		2
• Boulettes de viande avec spaghetti, 2 moyennes et 1/4 de livre de spaghetti	372	*	16
• Brie, fromage, 1-1/2 once	124		T
• Brique, fromage, 1-1/2 once	124		T
• Brochet, portion normale	102		0
Brocoli, 1 tasse	43		6
Brocoli au four, 1 portion	52		7
Brocoli en conserves, 1 tasse	46	*	8
Brownies, 1 carré de 2 pouces	152	*	16

C

ALIMENTS	CAL	S	HC
Cacao en poudre, 1-1/2 tasse	51		13
• Cacciatore, poulet à la, p.n.	552		10

P	ALIMENTS	CAL	S	HC
	Café, crème glacée au, p.n.	152	*	14
	Café, éclair au, 1 moyen	275	*	30
	Café, gâteau au, 1 morceau			
	2 x 4 pouces	101	*	14
	Café, gâteau glacé au,			
	1 morceau 2 x 4	152	*	30
•	Caille grillée, portion normale	175		0
•	Calmars, portion normale	127		2
•	Camembert, fromage, 1-1/2 once	126		T
•	Canadien bacon, 1-1/2 once	102		T
•	Canadien fromage, 1 tranche	103		T
•	Canadien fromage, râpé, 1 c. à table	12		T
•	Canadien fromage, sandwich au,			
	1 tranche	253		24
•	Canadien fromage, sandwich aux tomates			
	et au, 1 tranche, 1/2 tomate	263		27
	Canapé, fondue au fromage sur,			
	1/2 tasse	203		22
•	Canard au curry, portion normale	402	*	7
•	Canard rôti, avec sauce, p.n.	374	*	22
•	Canard sauvage, 3-1/2 onces	232		0
	Canard, soupe au, 1 tasse	127	*	2
	Canard, soupe crème de, 1 tasse	224	*	12
	Cane, sucre de, 1 c. à table	18		4
	Canneberges, crème glacée aux, p.n.	152		14
	Canneberges, gelée de, 1 c. à table	57		9

Aliments	CAL	S	HC
Canneberges, sauce aux, 3 c. à table	104		27
Cannelle, 1/8 de c. à table	0		0
Cannelle, bâton de, 1	0		0
Cannelle, gâteau à la, portion normale	152	*	28
Cannelle, muffin à la, 1	110	*	23
Cannelle, petit pain à la, moyen	102	*	11
Cannelle, toast à la, 1	201	*	29
Cantaloup, 1/2 moyen	52		8
• Cape Cod, huîtres de, 12	101		10
Câpres, 1 c. à table	3		0
Caramel, 1 moyen	52		8
Caramel au beurre, 1	74		24
Caramel, carré de chocolat aux noix et de, 1 moyen	92		16
Caramel, carré de noix et de, 1 moyen	56		10
Caramel, gâteau au, portion normale	252		44
Caramel, glaçage au, 1 c. à table	53		10
Caramel, pouding au, 1/2 tasse	172		23
Caramel, sauce au, 1 c. à table	25		5
Caramel, sirop au, 1 c. à table	64		16
Caramel, sundae au, moyen	352		46
Cardamome, 1/8 de c. à table	0		0
Carottes crues, 1 moyenne	25		5
Carottes cuites, 1/2 tasse	25		5
Carottes, jus de, 1 tasse	52		13
Carvi, graines de, 1/8 de c. à table	0		0

P	ALIMENTS	CAL	S	HC
	Carvi, petit pain au, 1 moyen	124		15
	Casaba melon, 1/8 d'un moyen	65		7
•	Caviar, 1 c. à table	52		0
	Cayenne, poivre de, 1/8 de c. à table	0		0
	Céleri cru, 2 tranches	10	*	2
	Céleri cuit, 1 tasse	25	*	3
	Céleri, sel de, 1/8 de c. à table	0		0
	Céleri, soupe au, 1 tasse	102	*	7
	Céleri, soupe crème de, 2/3 de tasse	152	*	8
	Céréales, biscuit au blé, 1	101		18
	Céréales, crème de blé, 3/4 de tasse	101	*	23
	Céréales, flocons de maïs (Corn Flakes), 1 tasse	101	*	34
	Céréales, flocons de riz croustillant (Rice Krispies), 1 tasse	153		26
	Céréales, flocons de riz soufflé (Puffed Rice), 1 tasse	56		27
	Céréales, flocons de son (Bran Flakes), 3/4 de tasse	98	*	21
	Cerfeuil, 1/4 de c. à table	0		0
	Cerises au marasquin, 2 moyennes	32		2
	Cerises, confitures de, 1 c. à table	52		14
	Cerises, crème glacée aux, p.n.	152	*	15
	Cerises, crème glacée à la vanille et aux, portion normale	152	*	14
	Cerises en conserves, 20 petites	72	*	17

P	ALIMENTS	CAL	S	HC
	Cerises fraîches, 1 tasse	73		20
	Cerises, gâteau renversé aux, p.n.	276		38
	Cerises, gelée de, 1 c. à table	53		13
	Cerises, sauce aux, 1/2 tasse	53		5
	Cerises, tarte aux, portion normale	352	*	55
	Cerises, tarte à la crème et aux, p.n.	402	*	55
•	Cervelle de boeuf, p.n., 6 onces	202	*	2
•	Cervelle de porc crue, p.n., 6 onces	202	*	2
•	Cervelle de veau, p.n., 6 onces	202	*	2
	Champignons, 1/2 tasse	15		3
	Champignons cuits, 1/2 tasse	15		3
	Champignons en conserves, 1/2 tasse	15	*	3
	Champignons en crème, 2 c. à table de sauce, 1 tasse	73	*	5
	Champignons grillés, avec 1 c. à table de beurre, 1 tasse	31		6
•	Champignons, omelette aux, 2 oeufs	191	*	2
	Champignons, pizza aux, 1/6 — 12 pouces dia.	203	*	28
	Champignons sautés, 2 c. à table de beurre, 1/2 tasse	84	*	2
	Champignons, soupe à l'orge et aux, 1 tasse	176	*	13
	Champignons, soupe crème de. 1 tasse	201	*	13
•	Chapon rôti au four, portion normale	225		0
	Chausson aux pommes, 1 moyen	252		37

P	ALIMENTS	CAL	S	HC
•	Cheddar canadien, fromage, 1-1/2 once	152	*	T
•	Chester fromage, 1-1/2 once	156	*	T
•	Chèvre, fromage de, 1-1/2 once	174		1
•	Chèvre, lait de, 1 tasse	162		10
	Chicorée, portion normale	10		1
	Chiffon, tarte à la lime, p.n.	276		34
	Chiffon, tarte au citron, p.n.	276		35
	Chiffon, tarte aux fraises, p.n.	273	*	34
	Chili con carne, 1/2 tasse	251	*	6
	Chili con carne avec haricots, en conserves, 1/2 tasse	172		7
	Chili sauce, 1 c. à table	22	*	4
•	Chinoise, crevettes à la, p.n.	272		1
	Chinoise, riz frit à la, 1 tasse	206		22
•	Chinoise, riz frit à la, avec porc, 1 tasse	223		22
•	Chinoise, riz frit à la, avec poulet, 1 tasse	206		22
	Chips (croustilles), 1/2 tasse	103		7
	Chocolat, biscuits au, 3 petits	49	*	9
	Chocolat, biscuits aux brisures de, 3 petits	63	*	15
	Chocolat, crème glacée au, p.n.	152	*	14
	Chocolat, crème glacée aux brisures de, portion normale	152	*	14
	Chocolat, éclair au, 1	276	*	30

P ALIMENTS	CAL	S	HC
Chocolat, fécule de maïs au, 1 c. à table	102		7
Chocolat, fudge au, 1 carré d'un pouce	112		23
Chocolat, gâteau au, portion normale	252		34
Chocolat, gâteau aux brisures de, p.n.	251		35
Chocolat, glaçage au beurre au, 1 c. à table	53		6
Chocolat, menthes au, 3 petites	128		21
Chocolat, pouding au, 1/2 tasse	252		31
Chocolat, sauce au, 1 c. à table	25		5
Chocolat, sirop au, 1 c. à table	62		10
Chocolat, sundae au, moyen	351	*	54
Chocolat, tablette de, 2 onces	252		32
Chocolat, tablette de, avec amandes, 1 moyenne	263		17
Chocolat, tarte à la crème au, 1 portion	402		47
• Chop suey au boeuf, 1/2 tasse	276	*	4
• Chop suey au porc, 1/2 tasse	301	*	4
• Chop suey au poulet, 1/2 tasse	274	*	4
Chop suey aux légumes, 1/2 tasse	224		4
Chou à la crème, 1 moyen	172		44
Chou bouilli, 1 tasse	41		7
Chou cru, 1 tasse	42		4
Chou farci, portion normale	152		7
Chou, salade de, 1 tasse	20		14
Chou, soupe au, portion normale	52		0
Choucroute, 1/2 tasse	25	*	5

ALIMENTS	CAL	S	HC
Chou-fleur, 1 tasse	34		5
Chou-fleur à la crème, 2 c. à table de sauce, 1 tasse	82	*	9
Chou-fleur au gratin, p.n.	82		14
Chou rouge bouilli, 1 tasse	42		4
Chou rouge cru, 3/4 de tasse	20		7
Choux de Bruxelles cuits, 1 tasse	62		12
Chow Mein, 1/2 tasse	126	*	4
• Chow Mein au boeuf, 1/2 tasse	153		4
• Chow Mein au porc, 1/2 tasse	175	*	4
• Chow Mein au poulet, 1/2 tasse	124	*	4
Chutney, 1 c. à table	25	*	6
Ciboulette, 1/2 tasse	25		4
Citron, 1 moyen	23		5
Citron, glaçage au, 1 c. à table	34		11
Citron, glace au, portion normale	102	*	28
Citron, jus de, 1 c. à table	30		1
Citron, mousse au, portion normale	42	*	3
Citron, pastilles au, 7	103		28
Citron, sauce au beurre et au, 1 c. à table	23		0
Citron, tarte au, portion normale	353	*	12
Citron, tarte à la crème et au, p.n.	353	*	50
Citron, tarte chiffon au, p.n.	276	*	35
Citron, tarte au, meringuée, p.n.	353	*	45
Citron, zeste de, confit, 1 once	104	*	24

ALIMENTS	CAL	S	HC
Citronnelle, 1/8 de c. à table	0		0
Citrouille, 1 tasse	89		19
Citrouille, tarte à la, 1 portion	327	*	34
Clous de girofle, 1/8 de c. à table	0	*	0
• Cocktail de crabe, 1/2 tasse	94	*	1
• Cocktail de crevettes, 6 moyennes et sauce	84		1
• Cocktail de fruits de mer, 1/2 tasse	92		1
Cocktail de fruits en conserves, p.n.	104	*	19
Cocktail de fruits frais, p.n.	74		12
• Cocktail d'huîtres crues, 6 moyennes	73	*	6
• Cocktail de homard, 1/2 tasse	94		T
• Cocktail de palourdes, 6 moyennes	72	*	2
• Cocktail de saucisses Francfort, 1/4 de livre	301		1
• Cocktail de saucisses de porc, 1/4 de livre	352		0
Coeur d'artichaut, 1 moyen	53		10
• Coeur de boeuf, 3 onces	102		T
• Coeur de boeuf, au four, p.n.	137		0
• Coeur de boeuf, grillé, p.n.	137		0
Coeurs de laitue, 2	10		T
Coing frais, 1	50		12
Colin grillé, portion normale	124		0
Compote d'abricots, p.n.	73		19
Compote de pommes en conserves, 1/2 tasse	52		13

	CAL	S	HC
Compote de pommes en conserves, avec sucre, 1/2 tasse	104		25
Compote de pommes fraîches, 1/2 tasse	52		11
Compote de pommes fraîches, avec sucre, 1/2 tasse	102		23
Compote de pommes, gâteau à la, 1/8	422		63
Compote de pommes, pain à la, 1 tranche	112		21
• Concentré, lait, 1 c. à table	62		8
Concombre, 1	20		3
Confit, zeste de citron, 1 once	104		24
Confit, zeste d'orange, 1 once	103		24
Confit, zeste de pamplemousse, 1 once	105		24
Confites, patates sucrées, 6 onces	302		60
Confitures d'abricots, 1 c. à table	53		14
Confitures de bleuets, 1 c. à table	52		14
Coniftures de cerises, 1 c. à table	52		14
Confitures de fraises, 1 c. à table	52		14
Confitures de framboises, 1 c. à table	52		14
Confitures de fruits, 1 c. à table	52		14
Confitures de mûres, 1 c. à table	54		14
Confitures de raisins, 1 c. à table	52		14
Conserves, abricots en, avec sucre, 3 moitiés	52	*	20
Conserves, abricots en, sans sirop, 3 moitiés	29	*	8

P ALIMENTS	CAL	S	HC
Conserves, ananas en, 1 tranche	75	*	18
Conserves, ananas écrasés en, 1/2 tasse	100	*	15
Conserves, asperges en, 12	25	*	3
Conserves, betteraves en, 1/2 tasse	37	*	9
Conserves, bleuets en, 1/2 tasse	124	*	26
Conserves, bleuets (à l'eau) en, 1/2 tasse	51	*	9
• Conserves, boeuf en, 4 onces	252	*	0
Conserves, brocoli en, 1 tasse	46	*	8
Conserves, cerises en, 20 petites	72	*	17
Conserves, champignons en, 1/2 tasse	15	*	3
Conserves, chili con carne avec haricots en, 1/2 tasse	172	*	7
Conserves, cocktail de fruits en, p.n.	104	*	19
Conserves, compote de pommes en, 1/2 tasse	52	*	13
Conserves, compote de pommes en, avec sucre, 1/2 tasse	104	*	25
Conserves, crème de poulet (soupe), 1 tasse	202	*	12
• Conserves, crevettes en, 4 onces	144	*	T
• Conserves, dinde désossée en, 4 onces	302	*	0
Conserves, épinards en, 1 tasse	52	*	6
Conserves, fraises en, 1 tasse	227	*	12
• Conserves, homard en, p.n.	101	*	T
• Conserves, langues de boeuf en, 2 tranches normales	101	*	0

P	ALIMENTS	CAL	S	HC
	Conserves, maïs en, 1/2 tasse	142	*	21
	Conserves, mûres en, avec sirop, 1 tasse	201	*	44
	Conserves, mûres (à l'eau) en, 1 tasse	101	*	13
	Conserves, patates sucrées en, 1 tasse	237	*	45
	Conserves, pêches en, 2 moitiés	53	*	11
	Conserves, pêches (à l'eau) en, 2 moitiés	50	*	9
	Conserves, poires en, 2 moitiés	74	*	12
	Conserves, pois en, 1 tasse	109	*	19
•	Conserves, poulet en, p.n.	224	*	0
•	Conserves, sardines en, 4	103	*	T
•	Conserves, sardines en, avec sauce tomate, 1	103	*	T
•	Conserves, saumon en, 1/2 tasse	201	*	0
•	Conserves, saumon rose en, p.n.	159	*	0
•	Conserves, saumon rouge et sockeye, p.n.	191	*	0
•	Conserves, thon à l'huile, 1/4 de tasse	124	*	0
	Conserves, tomates en, 1 tasse	52	*	9
	Consommé, 1 tasse	25	*	0
•	Consommé de boeuf, 1 tasse	37	*	0
	Consommé madrilène, 1 tasse	74	*	1
	Coriandre, 1/8 de c. à table	0		0
•	Côtelette d'agneau frite, 1 pouce d'épais	352		0

P	ALIMENTS	CAL	S	HC
•	Côtelette d'agneau grillée, 1 pouce d'épais	253		0
•	Côtelette de mouton, 1-1/2 pouce d'épais	124		0
•	Côtelette de porc frite, 1 moyenne	249		0
•	Côtelette de porc grillée, 1 moyenne	224		0
•	Côtelette de veau frite, 1 moyenne	252		0
•	Côtelette de veau grillée, 1 moyenne	152		0
•	Côtelette de veau panée, au four, 4 onces	224		8
	Coton, huile de, 1 c. à table	101		0
•	Cottage, fromage (au lait écrémé), 1 tasse	216	*	5
•	Cottage, fromage (juif), 1/2 tasse	201	*	9
	Courge Acorn, 1/2 tasse	53		12
	Courge Butternut, 1 tasse	33		24
	Courge d'été, 1 tasse	35		8
	Courge d'hiver (potiron) au four, pilée, 8 onces	101		32
	Courge d'hiver (potiron) bouillie, pilée, 8 onces	101		20
	Courge Hubbard, 1/2 tasse	54		10
•	Crabe, cocktail de, 1/2 tasse	94		1
•	Crabe de l'Atlantique, 3 onces	93		T
	Craquelins à la farine d'avoine, 3	128		15
	Craquelins au beurre, 3 petits	52	*	7
	Craquelins au fromage, 3 petits	52	*	7

P ALIMENTS	CAL	S	HC
Craquelins Graham, 3 moyens	76	*	15
Craquelins Matzo, 1	76		17
Craquelins salés, 6 — 2 pouces carrés	101	*	36
Crème 15%, 3 c. à table	101	*	2
Crème à la banane, portion normale	205		24
Crème au riz, 1/2 tasse	204		38
Crème, bisque de saumon à la, 1/2 tasse	252		3
Crème, chou à la crème, 1 moyen	172		44
Crème, chou-fleur en, 1 tasse	82		9
Crème d'asperges (soupe), 1 tasse	204		13
Crème de blé, 3/4 de tasse	101	*	23
Crème de canard (soupe), 1 tasse	224		12
Crème de céleri (soupe), 2/3 de tasse	152		8
Crème de champignons (soupe), 1 tasse	201	*	13
Crème de dinde (soupe), 1 tasse	202		12
Crème d'épinards (soupe), 1 tasse	177		8
Crème de maïs (soupe), 1 tasse	226		18
Crème d'orge (soupe), 1 tasse	204		13
Crème de pois (soupe), 1 tasse	276		23
Crème de pois cassés (soupe), 3/4 de tasse	141		13
Crème de pommes de terre (soupe), 1 tasse	303		15
Crème de poulet (soupe), en conserves, 1 tasse	202		12
Crème de tomates (soupe), 1 tasse	225		18

	CAL	S	HC
Crème fouettée 35%, 1 c. à table	52	*	T
Crème, fromage à la, 1 c. à table	52	*	T
Crème glacée à l'ananas, p.n.	152	*	14
Crème glacée à la banane, p.n.	153	*	14
Crème glacée au beurre de pacanes, p.n.	152	*	14
Crème glacée aux brisures de chocolat, p.n.	152	*	14
Crème glacée aux canneberges, p.n.	152	*	14
Crème glacée aux cerises, p.n.	152	*	14
Crème glacée aux cerises et à la vanille, p.n.	152	*	14
Crème glacée au chocolat, p.n.	152	*	14
Crème glacée à l'érable et aux noix, p.n.	152	*	14
Crème glacée aux fraises, p.n.	152	*	14
Crème glacée, gâteau roulé à la, 1 tranche de 1/2 pouce	176	*	30
Crème glacée au lait de poule, p.n.	154	*	14
Crème glacée à la menthe poivrée, p.n.	152	*	14
Crème glacée aux mûres, p.n.	154	*	14
Crème glacée aux noix, p.n	152	*	14
Crème glacée à la noix de coco, p.n.	153	*	14
Crème glacée, soda à la, 1	376	*	71
Crème glacée, sundae à la, 1 moyen	402	*	50
Crème glacée à la vanille, p.n.	152	*	14
• Crème, homard avec sauce à la, 4 onces, 2 c. à table	150	*	5

P	ALIMENTS	CAL	S	HC
•	Crème, morue à la, 1/2 tasse	152	*	8
•	Crème, poulet à la, 4 onces, 2 c. à table	276	*	6
	Crème, riz à la, 1/2 tasse	204	*	38
	Crème, sauce à la, 2 c. à table	53	*	2
	Crème, tarte aux bananes et à la, 1 portion	352	*	56
	Crème, tarte aux bleuets et à la, 1 portion	402	*	56
	Crème, tarte Boston à la, 1 portion	402	*	55
	Crème, tarte aux cerises et à la, 1 portion	402	*	55
	Crème, tarte aux fraises et à la, 1 portion	402	*	50
	Crème, tarte à la noix de coco et à la, 1 portion	402	*	50
	Crêpe allemande, 1 — 4 po. dia.	226	*	11
	Crêpe au sarrasin, 1 — 4 po. dia.	92	*	21
	Crêpe aux bleuets, 1 — 4 po. dia.	122	*	12
	Crêpe aux pommes de terre, p.n.	176	*	39
	Crêpes avec 2 c. à table de beurre, 2 c. à table de sirop, 3	475	*	37
	Crêpe suzette, 1	225	*	22
	Cresson, 4 onces	10		3
•	Crevettes, 10 moyennes	101	*	T
•	Crevettes à la chinoise, p.n.	272	*	1
•	Crevettes à la créole, p.n.	172	*	4

P	ALIMENTS	CAL	S	HC
•	Crevettes bouillies, 4 onces	121	*	2
•	Crevettes, cocktail de, 6 moyennes	84	*	1
•	Crevettes en conserves, 4 onces	144	*	T
	Crisco, 1 c. à table	101		0
•	Croquettes de boeuf, 2 onces	202		0
	Croûtes de pain, râpées, 1/2 tasse	174		33
	Croûtons, 6 moyens	25		3
	Cru, chou rouge, 3/4 de tasse	20		7
	Cru, oeuf, 1	73		T
	Cru, oignon, 1 gros	51		11
•	Crues, huîtres, 12 moyennes	102		8
	Cuisses de grenouilles, 4 grosses	51		0
	Cumin, 1/8 de c. à table	0		0
•	Curry, agneau au, portion normale	402		7
•	Curry, boeuf au, portion normale	402		7
•	Curry, canard au, portion normale	402		7
•	Curry, oeuf au, portion normale	253		7
•	Curry, poisson au, portion normale	226		7
•	Curry, porc au, portion normale	402		7
	Curry, poudre de, 1 c. à table	0		0
•	Curry, poulet au, portion normale	324		7

D

Daiquiri cocktail, 1	124	7
Daiquiri surgelé, 1	124	7

P ALIMENTS	CAL	S	HC
Danoise, pâtisserie, 1 moyenne	252		24
• Danoise, pâtisserie, avec fromage, 1 moyenne	252		14
Dattes, 4	101		23
Dattes, biscuits aux, 2 moyens	104		15
Dattes farcies, 2	104		20
Dattes, pain aux noix et aux, 1 tranche	92	*	21
Dattes, pouding aux, portion normale	103		16
• Dinde, portion normale	176		0
• Dinde désossée, en conserves, 4 onces	302		0
Dinde, soupe crème à la, 1 tasse	202		12
Doigt de dame, chacun	27		5

E

	CAL	S	HC
Eclair, 1 moyen	276	*	30
Eclair au chocolat, 1	276	*	30
• Edam, fromage, 1-1/2 once	126	*	2
Egg roll (chinois), 1 moyen	174	*	15
• Emmenthal, fromage, 1-1/2 once	152	*	T
• Entrecôte, portion normale	203		0
Endives, petites	10		2
• Epaule d'agneau rôtie, p.n.	351		0
• Eperlans, 7 moyens	101		0

	CAL	S	IUC
• Eperlans frits, 7 moyens	201		0
• Eperlans grillés, 7 moyens	101		0
Epices, abricots aux, 4 moyens	103	*	28
Epices, pain d', 1 morceau de 2 pouces	176	*	32
Epices, pêches aux, 2 moitiés	73	*	26
Epices, poires aux, 2 moitiés	73	*	12
Epinards, 1/2 tasse	26	*	3
Epinards en conserves, 1 tasse	52	*	6
Epinards, soupe crème d', 1 tasse	177	*	8
Epinards, surgelés, 1 tasse	61	*	6
Epi de maïs, 1 moyen	103		19
Eponge, gâteau, p.n.	122	*	22
Erable, crème glacée aux noix et à l', portion normale	152	*	14
Erable, glaçage à l', 1 c. à table	42		6
Erable, sirop d', 1 c. à table	62		13
Erable, sucre d', 1 c. à table	18		4
Erable, sundae aux noix et à l', p.n.	352	*	27
Eskimo glacé, 1 moyen	225		32
• Espadon, portion normale	154		0
Espagnol, riz, portion normale	127		20
• Espagnol, riz, avec viande, p.n.	203		17
Estragon, 1/8 de c. à table	0		0
• Evaporé, lait, avec sucre, 2 c. à table	72		21
• Evaporé, lait, sans sucre, 1/4 de tasse	58		8

ALIMENTS	CAL	S	HC
Extrait d'amandes, 2 c. à table	6		0
Extrait de vanille, 1 c. à table	8		0

F

ALIMENTS	CAL	S	HC
Farci, artichaut, avec champignons, 1	103		11
Farci, chou, portion normale	152		7
Farcies, dattes, 2	104		20
Farcis, piments, 1	123		11
Farine, 1 tasse	402	*	84
Farine d'arrow-root, 2 onces	227		40
Farine de blé, tout usage, blanche, 1 tasse	463	*	84
Farine de maïs, 1/2 tasse	242		45
Farine de riz, 1/2 tasse	240		50
Farine de sarrasin, 1/2 tasse	242		40
Farine de soja, 1 tasse	233		14
Fécule de maïs, 1 c. à table	34		9
Fécule de maïs, au chocolat, 1 c. à table	102		7
Fécule de maïs, pouding, 1/2 tasse	152		24
Feuilles de laurier, 1/4 de c. à table	0		0
Fenouil, graines de, 1/8 de c. à table	0		0
Fèves au four, 1 tasse	204		48
Fèves au four, en conserves, 1/4 de tasse	152	*	24

P	ALIMENTS	CAL	S	HC
	Fèves au four, en conserves, avec lard et mélasse, 1/2 tasse	174	*	30
	Fèves au four, en conserves, avec tomates, 1/2 tasse	142	*	24
	Fèves de Lima, 1 tasse	152		28
	Fèves de Lima, en conserves, 1/2 tasse	72	*	24
	Fèves de Lima, séchées, 1/2 tasse	266		38
	Fèves de soja, 1/2 tasse	116		6
	Fèves germées, Mung, 1 tasse	21		14
	Fèves germées, Soy, 1 tasse	52	*	16
	Fèves, soupe aux, 1 tasse	229		17
	Fèves, soupe aux (noires), 1 tasse	224		17
	Figues en conserves, 1/2 tasse	126	*	30
	Figues fraîches, 4 petites	123		24
	Figues, muffin aux, 1 moyen	156		26
	Figues sèches, chacune	52		12
	Figues, tablettes de, 2	102		22
•	Filet de sole frit, portion normale	201		0
•	Filet de sole grillé, portion normale	126		0
•	Filet mignon, portion normale	253		0
	Flan, 1/2 tasse	127		24
•	Flétan, portion normale	203		0
•	Flétan à la crème, portion normale	251		0
•	Flétan grillé, portion normale	203		0
	Flétan, huile de foie de, 1 c. à table	103		0
	Flocons d'avoine soufflée, 1/2 tasse	51		10

| --- | --- | --- | --- | --- |
	Flocons de blé soufflé, 3/4 de tasse	51		10
	Flocons de maïs (Corn Flakes), 1 tasse	101		34
	Flocons de riz croustillant (Rice Krispies), 1 tasse	153		26
	Flocons de riz soufflé (Puffed Rice), 1 tasse	56		27
	Flocons de son (Bran Flakes), 3/4 de tasse	98		21
•	Foie, portion normale	162	*	6
•	Foie d'agneau, portion normale	154		2
•	Foie de boeuf, portion normale	162	*	6
	Foie de morue, huile de, 1 c. à table	101		0
•	Foie de mouton, portion normale	154		4
•	Foie d'oie, portion normale	152	*	6
•	Foie de poulet grillé, chacun	51		T
•	Foie de poulet haché, p.n.	201		2
•	Foie de veau, portion normale	162	*	4
•	Foie, pâté de, 1 c. à table	51		T
	Fraises, 1 tasse	51		12
	Fraises, confitures de, 1 c. à table	52		14
	Fraises, crème glacée aux, p.n.	152	*	14
	Fraises cuites ou en conserves, 1 tasse	227	*	12
	Fraises, gâteau au fromage aux, p.n.	352	*	17
	Fraises, mousse aux, p.n.	352	*	17
	Fraises, shortcake aux, p.n.	352	*	43

	CAL	S	HC
Fraises, soda aux, avec crème glacée, 1	376	*	71
Fraises, sorbet aux, p.n.	103	*	29
Fraises, sundae aux, 1	402	*	32
Fraises surgelées, 1/2 tasse	117	*	27
Fraises, tarte aux, p.n.	372	*	56
Fraises, tarte à la crème et aux, p.n.	402	*	55
Fraises, tarte chiffon aux, p.n.	273	*	34
Fraises, tartelette aux, 1	303	*	21
Framboises, confitures de, 1 c. à table	52		14
Framboises en conserves, 1/2 tasse	101	*	18
Framboises fraîches, 1/2 tasse	51		8
Framboises rouges, jus de, 6 onces	102		12
Framboises, sorbet aux, p.n.	103	*	29
Framboises, tarte aux, p.n.	352	*	57
Français, pain, 1 tranche	52		10
Français, petit pain	102		20
Français, Vermouth, sec, 2 onces	32		0
• Française, crevettes frites à la, 10	202	*	1
Française, frites à la, 6 moyennes	102	*	12
Française, oignon frit à la, 1 gros	153	*	10
Française, soupe à l'oignon à la, avec croûtons, 1 tasse	152	*	10
Française, tarte aux pommes à la, p.n.	302	*	45
Française, vinaigrette, 1 c. à table	102	*	2
Française, vinaigrette, avec ail et huile d'olive, 1 c. à table	102		4

P	ALIMENTS	CAL	S	HC
•	Francfort, petit pain de saucisse de, 1	126	*	12
•	Francfort, saucisse de, 1 moyenne	126	*	T
•	Francfort, saucisse de, au barbecue, 1 moyenne	126	*	T
•	Francfort, saucisses de, 2, avec 1/2 tasse de choucroute	276	*	5
•	Francfort, saucisses de, 2, avec 1 oeuf brouillé	353	*	2
•	Francfort, saucisses de, 2, avec 1/2 tasse de salade de pommes de terre	422	*	17
•	Francfort, saucisse de, tout boeuf, 1	126	*	0
•	Fricassée de lapin, p.n.	224		0
•	Fricassée de poulet, p.n.	226		6
	Frigidaire, biscuits, 3 moyens	103		19
	Frigidaire, gâteau, p.n.	301		26
•	Frit, aiglefin, p.n.	252		6
•	Frit, bacon, 3 tranches	104	*	0
•	Frit, jambon, 2 tranches moyennes	202	*	0
•	Frit, oeuf, 1 moyen	103	*	T
•	Frit, poulet, 1/2 moyen	324		0
•	Frit, riz, avec crevettes, p.n.	402	*	22
•	Frit, riz, avec porc, p.n.	475		22
•	Frit, riz, avec poulet, p.n.	425		22
•	Frite, perche, p.n.	202		6
•	Frites, huîtres, 6	252		4
	Fromage à la crème, 1 c. à table	52	*	T

P	ALIMENTS	CAL	S	HC
•	Fromage Bel Paese, 1-1/2 once	152	*	T
•	Fromage bleu, 1-1/2 once	152	*	T
•	Fromage brie, 1-1/2 once	124	*	T
•	Fromage brique, 1-1/2 once	156	*	T
•	Fromage camembert, 1-1/2 once	126	*	T
•	Fromage canadien, 1 tranche	103	*	T
•	Fromage cheddar canadien, 1-1/2 once	152	*	2
•	Fromage Chester, 1-1/2 once	156	*	T
•	Fromage cottage au lait écrémé, 1 tasse	216	*	10
•	Fromage cottage juif, 1/2 tasse	201	*	9
	Fromage, craquelins au, 3 petits	52	*	7
•	Fromage de chèvre, 1-1/2 once	174	*	1
•	Fromage Edam, 1-1/2 once	126	*	2
•	Fromage Emmenthal, 1-1/2 once	152	*	T
•	Fromage Farmers, 1/2 tasse	201	*	9
	Fromage, gâteau au, p.n.	352	*	17
	Fromage, gâteau au, à l'ananas, p.n.	352	*	17
	Fromage, gâteau au, aux fraises, p.n.	352	*	17
•	Fromage Gorgonzola, 1 once	101	*	T
•	Fromage Gouda, 1-1/2 once	125	*	T
•	Fromage gruyère, 2 onces	224	*	1
•	Fromage, macaroni au, 1/2 tasse	227	*	22
•	Fromage Muenster, 1-1/2 once	152	*	T
•	Fromage Neufchatel, 1-1/2 once	152	*	1
•	Fromage, omelette au, moyenne	202	*	1
•	Fromage parmesan, 1 c. à table	172	*	1

	CAL	S	HC
• Fromage Provolone, 1-1/2 once	102	*	T
• Fromage Reggiano, 1-1/2 once	172	*	T
• Fromage Romano, 1-1/2 once	172	*	T
• Fromage Roquefort, 1-1/2 once	152	*	T
Fromage, soufflé au, 3/4 de tasse	152	*	9
• Fromage, spaghetti au, 1/4 de livre	202	*	20
• Fromage Stilton, 1-1/2 once	152	*	1
Fromage, strudel au, p.n.	224	*	14
• Fromage Suisse, 1-1/2 once	152	*	T
Fruits, cocktail de, en conserves, p.n.	104		19
Fruits, cocktail de, frais, p.n.	74		12
Fruits, confitures aux, 1 c. à table	52		14
Fruits, gâteau aux, 2-1/2 onces	250		36
Fruits, gelée de, 1 c. à table	52		13
Fruits, punch aux, 6 onces	153		33
Fruits, sirop aux, 1 c. à table	62		14
Fruits, sorbet aux, p.n.	103		29
Fruits, sundae aux, p.n.	401		37
• Fruits de mer, cocktail aux, 1/2 tasse	92		1
Fruits de mer, sauce à cocktail aux, 1 c. à table	51		T
Fudge, 1 carré d'un pouce	112		23
Fudge aux amandes, 1 carré d'un pouce	113		22
Fudge au chocolat, 1 carré d'un pouce	112		23
Fudge au chocolat au lait, 1 carré	114		23
Fudge à la noix de coco, 1 carré d'un pouce	112		22

ALIMENTS	CAL	S	HC
Fudge aux raisins, 1 carré d'un pouce	102		22
Fudge au sucre brun, 1 carré d'un pouce	101		22
Fudge, gâteau au, 1 morceau de 2 pouces	104		35
Fudge, glaçage au, 1 c. à table	44		6
Fudge, sauce au, 1 c. à table	52		18
Fudge, sundae au, chaud, p.n.	402		53
• Fumé, hareng, 1/2 poisson	224		0
• Fumé, poisson, p.n.	154		0
• Fumé, poisson blanc, p.n.	152		0
• Fumé, saumon, 2 onces	201		0

G

ALIMENTS	CAL	S	HC
Galette de maïs, 1 de 2 pouces	201	*	20
Galette de sarrasin, 1 de 4 pouces	92	*	21
Gâteau aux amandes, portion normale	253	*	36
Gâteau aux amandes et au café, p.n.	223	*	33
Gâteau aux bananes, p.n.	203	*	36
Gâteau aux bleuets, p.n.	172	*	20
Gâteau aux brisures de chocolat, p.n.	251	*	35
Gâteau au café, 1 morceau 2 x 4 pouces	101	*	14
Gâteau au café, glacé, 1 morceau 2 x 4	152	*	30
Gâteau à la cannelle, p.n.	152	*	28
Gâteau au caramel, p.n.	252	*	44
Gâteau au chocolat, p.n.	252	*	34

ALIMENTS	CAL	S	HC
Gâteau à la compote de pommes, 1/8	422	*	63
Gâteau de la mariée, p.n.	253	*	35
Gâteau des anges, 1 morceau de 2 pouces	104	*	22
Gâteau éponge, p.n.	122	*	22
Gâteau frigidaire, p.n.	301	*	26
• Gâteau au fromage, p.n.	352	*	17
• Gâteau au fromage à l'ananas, p.n.	352	*	17
• Gâteau au fromage aux fraises, p.n.	352	*	17
Gâteau aux fruits, 2-1/2 onces	250	*	36
Gâteau au fudge, 1 morceau de 2 pouces	104	*	35
Gâteau au lait de poule, p.n.	176	*	29
Gâteau marbré, 1 morceau d'un pouce	124	*	30
Gâteau à la noix de coco, p.n.	276	*	29
Gâteau à la noix de coco, glacé, p.n.	352	*	50
Gâteau aux pommes à la hollandaise, p.n.	256	*	65
Gâteau, petit, 1	101	*	33
Gâteau, petit, glacé, 1	152	*	31
Gâteau, petit, de riz, 2 onces	227	*	25
Gâteau "pound", 1 morceau de 1/2 po.	125	*	35
Gâteau renversé à l'abricot, p.n.	274	*	38
Gâteau renversé à l'ananas, p.n.	277	*	38
Gâteau renversé aux bleuets, p.n.	276	*	38
Gâteau renversé aux cerises, p.n.	276	*	38
Gâteau roulé à la crème glacée, 1 tranche de 1/2 pouce	176		30

| --- | --- | --- | --- |
Gâteau roulé à la gelée, p.n.	202	*	39
Gâteau shortcake à la banane, p.n.	252	*	44
Gâteau shortcake aux fraises, p.n.	352	*	43
Gaufre, 1	227	*	28
Gaufre aux bleuets, 1 de 4 pouces	122	*	12
• Gaufre au fromage, 1	352	*	28
• Gaufre au jambon	324	*	28
• Gélatine, p.n.	152	*	18
• Gélatine, traitée et sucrée, p.n.	102	*	15
Gelée, beigne à la, 1 moyen	252	*	37
Gelée de canneberges, 1 c. à table	57		9
Gelée de cerises, 1 c. à table	53		13
Gelée de fruits, 1 c. à table	52		13
Gelée de goyave, 1 c. à table	52	*	13
Gelée de menthe, 1 c. à table	52		13
Gelée de mûres, 1 c. à table	54		13
Gelée de pêches, 1 c. à table	52	*	13
Gelée de pommes, 1 c. à table	53		13
Gelée de pommes sauvages, 1 c. à table	56		13
Gelée de raisins, 2 c. à table	53	*	13
• Gelée, omelette à la, 1 c. à table	237	*	13
Germe de blé, 1/4 tasse	102		13
• Gigot d'agneau, portion normale	177		0
Gingembre, biscuits croquants au, 5	104		18
Gingembre confit, 1 once	103		21
Glaçage à l'ananas, 1 c. à table	52		6

	CAL	S	HC
Glaçage au beurre, 1 c. à table	56		6
Glaçage au beurre au chocolat, 1 c. à table	53		6
Glaçage au caramel, 1 c. à table	53		10
Glaçage au citron, 1 c. à table	34		11
Glaçage à l'érable, 1 c. à table	42		6
Glaçage au fudge, 1 c. à table	44		6
Glaçage au moka, 1 c. à table	46		6
Glaçage à l'orange, 1 c. à table	32		6
Glaçage au sucre brun, 1 c. à table	58		6
Glaçage bouilli, 1 c. à table	42		6
Glacées, carottes, p.n.	104		17
Gluten, pain au, 1 tranche	73		12
Gomme, 3 morceaux	101		22
• Gorgonzola, fromage, 1 once	101	*	T
• Gouda, fromage, 1-1/2 once	125	*	T
• Goulash hongroise, p.n.	352	*	4
Goyave, 1 moyenne	52		11
Goyave, beurre de, 1 c. à table	42		10
Goyave, gelée de, 1 c. à table	52		13
Gnocchi, sans sauce, 1/2 tasse	142		8
Graham, craquelins, 3 moyens	76		15
Graham, pain, 1 tranche	72		14
Grains entiers de maïs, 1/2 tasse	78		21
Graines d'anis, 1/8 de c. à table	0		0
Graines de carvi, 1/8 de c. à table	0		0

P	ALIMENTS	CAL	S	HC
	Graines de pavot, 1/8 de c. à table	0		0
	Graisse de bacon, 1 c. à table	52		0
	Graisse de poulet, 1 c. à table	42		0
	Granulé, sucre, 1 c. à table	18		4
	Grenade, 1 moyenne	101		24
	Grenouille, cuisses de, 4 grosses	51		0
•	Grillades anglaises, p.n.	352		0
•	Grillé, aiglefin, p.n.	182		0
•	Grillé, bacon, 3 tranches (croustillant)	102		1
•	Grillé, colin, p.n.	124		0
•	Grillé, filet de sole, p.n.	126		0
•	Grillé, flétan, p.n.	101		0
•	Grillé, hamburger, 2 onces	202		0
•	Grillé, merlan, p.n.	124		1
•	Grillé, poulet, 1/2 petit	102		0
•	Grillé, saumon, p.n.	225		0
•	Grillée, caille, p.n.	175		0
•	Grillée, côtelette d'agneau, 1	253		0
•	Grillée, côtelette de porc, 1	224		0
•	Grillée, poule, p.n.	172		0
•	Grillées, anguilles, p.n.	186		0
•	Grillées, queues de boeuf, p.n.	256		0
•	Grillés, éperlans, 7 moyens	101		0
•	Grillés, rognons, p.n.	224		T
	Groseilles, 1 tasse	60		13

P ALIMENTS	CAL	S	HC
Gruau cuit, 1/2 tasse	73		14
• Gruyère, fromage, 2 onces	224	*	1
Guimauve, 1 moyenne	27		6
Guimauve, glaçage à la, 2 c. à table	102		13
Guimauve, sundae à la, p.n.	404		41
Gumbo, fruits de mer, p.n.	123		6
Gumbo, poulet, 1 tasse	123		6
Gumbo, soupe au poulet, 1 tasse	123		6

H

	CAL	S	HC
• Hachis de boeuf en conserves, 1/2 tasse	153		8
• Hachis de dinde, p.n.	174		8
Hachis de pommes de terre brunes, p.n.	202		28
• Hamburger frit, 2 onces	224		0
• Hamburger grillé, 2 onces	202		0
• Hamburger, steak de, p.n.	402		0
• Hamburger tout boeuf, 2 onces	202		0
• Hareng, p.n.	223	*	0
• Hareng fumé, p.n.	224	*	0
• Hareng mariné, p.n.	152	*	0
Haricots, 1 tasse	228		37
Haricots en conserves, 1 tasse	224	*	37
Haricots jaunes en conserves, 1 tasse	25	*	5

	CAL	S	HC
Haricots jaunes frais, 1 tasse	25		5
Haricots secs, 1/2 tasse	392		64
Haricots verts à la française, 1 tasse	25		5
Haricots verts en conserves, 1 tasse	25	*	5
Haricots verts frais, 1 tasse	25		5
Hollandaise, gâteau aux pommes à la, portion normale	256	*	65
Hollandaise, sauce, 1 c. à table	72	*	T
• Homard, 1 moyen	101		1
• Homard à la chinoise, p.n.	275	*	1
• Homard à la crème, p.n.	150	*	3
• Homard à la Newburg, p.n.	352	*	3
• Homard, cocktail de, 1/2 tasse	94	*	T
• Homard en conserves, p.n.	101	*	T
• Homard, queues de, p.n.	101	*	T
Homard, sauce au, 1 c. à table	43	*	4
Hongrois, paprika, 1/8 de c. à table	0		0
• Hongroise, goulash, p.n.	352	*	4
Horseradish (raifort), 1 c. à table	5	*	1
Horseradish rouge, 1 c. à table	5	*	1
• Hot dog (sans pain), moyen	126	*	0
Huile à salade, 1 c. à table	126		0
Huile d'arachides, 1 c. à table	101		0
Huile de coton, 1 c. à table	101		0
Huile de foie de flétan, 1 c. à table	103		0
Huile de foie de morue, 1 c. à table	101		0

P ALIMENTS	CAL	S	HC
Huile de maïs, 1 c. à table	101		0
Huile d'olive, 1 c. à table	126		0
Huile et vinaigre pour salade, 1/2 et			
1/2 c. à table	48		0
Huile Mazola, 1 c. à table	101		0
Huile minérale	0		0
• Huîtres, 12	102	*	7
• Huîtres au four, 12	85	*	8
• Huîtres Blue point, 12	102	*	7
• Huîtres bouillies, 1/2 tasse	55	*	15
• Huîtres crues, 12 moyennes	102	*	8
• Huîtres crues, cocktail de, 6 moyennes	73	*	6
• Huîtres de Cape Cod, 12	101	*	10
• Huîtres frites, 6	252	*	4
• Huîtres grillées, p.n.	256		0
• Huîtres Rockefeller, 6	183	*	4
• Huîtres, soupe aux, avec lait, 1 tasse	203	*	21
• Huîtres sur écailles, 6 moyennes	52	*	6

I

Iceberg, laitue, 1/2	20	T
Idaho, pomme de terre au four,		
1 moyenne	126	28

	CAL	S	HC
Irlandaise, pomme de terre bouillie, 1 moyenne	127		28
• Irlandais, ragoût, 1 tasse	250	*	15
Italien, pain, 1 petite tranche	54		9
• Italien, salami, 1 once	126		T
• Italien, spaghetti, avec sauce à la viande, p.n.	375		47

J

	CAL	S	HC
• Jambon, 1 tranche moyenne	102		0
• Jambon à la chinoise, p.n.	475	*	1
• Jambon au four, 1 tranche moyenne	355	*	0
• Jambon bouilli, 1 tranche moyenne	355		0
• Jambon de Virginie, au four, p.n.	376	*	0
• Jambon frit, 2 tranches moyennes	202		0
• Jambon fumé, p.n.	452	*	0
• Jambon, gaufre au, 1	324	*	28
• Jambon, jarret de, p.n.	402	*	0
• Jambon, steak de, p.n.	402		0
Jasmin, thé au, sans sucre ni crème, 1 tasse	0		T
Jaune d'oeuf, 1	63		T
• Jaune d'oeuf séché, 1 once	201		T
Jello, p.n.	101	*	17

ALIMENTS	CAL	S	HC
Jérusalem, artichaut de, cru, 1 gros	83		17
Juif, pain de seigle, 1 tranche	72		12
• Juif, salami, 1 once	126		T
Julienne pomme de terre, 1 moyenne	227		30
Junket, p.n.	102	*	25

K

ALIMENTS	CAL	S	HC
Ketchup, 1 c .à table	25	*	4
• Kebab, Shish, p.n.	352	*	3
• King, poulet à la, 1/2 tasse	377	*	4

L

ALIMENTS	CAL	S	HC
Lait au chocolat, fudge au, 1 carré	114		23
• Lait concentré, 1 c. à table	62	*	8
Lait de poule, gâteau au, p.n.	176	*	29
• Lait écrémé avec Ovaltine, 1 tasse	166		22
• Lait en poudre écrémé, 1 c. à table	26	*	3
• Lait en poudre entier, 1 c. à table	41	*	2
• Lait évaporé, non sucré, 1/4 de tasse	58	*	6
• Lait évaporé, sucré, 2 c. à table	72	*	21
Laitue, 1/4	9		2
Laitue, coeurs de, 2	10		T

P ALIMENTS	CAL	S	HC
Laitue coupée, 1 tasse	9		2
Laitue iceberg, 1/2	20		T
Laitue romaine, 1/2	19		4
• Langues d'agneau en conserves, 3 tranches	153	*	0
• Langues de boeuf en conserves, 2 tranches	101	*	0
• Langues de boeuf fraîches, 2 tranches	101		0
• Langues de boeuf marinées, 2 tranches	102	*	0
• Lapin, portion normale	176		0
• Lapin au four, portion normale	176		0
• Lapin, fricassée de, p.n.	226		0
• Lapin, frit, p.n.	276		0
Lard, 1 c. à table	123		0
Laurier, feuilles de, 1/4 de c. à table	0		0
Légumes, chop suey aux, 1/2 tasse	224		4
Lentilles, 1/2 tasse	112		17
Lentilles sèches, 1/2 tasse, cuites	112		17
Lentilles, soupe aux, 1 tasse	303	*	40
Levure, 1 once	25		3
Levure, biscuit à la, 1 gros	101		15
• Liederkranz, fromage, 1-1/2 once	125		T
Lima, fèves de, en conserves, 1/2 tasse	72	*	29
Lima, fèves de, fraîches, 1/2 tasse	102		29
Lima, fèves de, sèches, 1/2 tasse	266		38

P ALIMENTS	CAL	S	HC
Lime, 1 moyenne	19		5
Lime, jus de, 1 tasse	60		18
Lime, soda à la, 6 onces	76		19
Lime, tarte chiffon à la, p.n.	353	*	34
Lyonnaise, pomme de terre, 1 moyenne	224	*	28

M

	CAL	S	HC
Macaron, 1 gros	103		18
Macaron à la noix de coco, 1 gros	101		14
Macaron aux amandes, 1 gros	103		16
Macaroni au gratin, p.n.	252	*	30
Macaroni cuit, 1 tasse	200		39
• Macaroni et fromage, 1/2 tasse	227	*	22
Macis, 1/8 de c. à table	0		0
Madrilène, consommé, 1 tasse	74	*	1
Maïs à la mexicaine, 1/2 tasse	76		16
Maïs, beignets de, 1 tasse	176		43
Maïs, céréales, flocons de, (Corn Flakes), 1 tasse	101	*	34
Maïs, crème de, soupe, 1 tasse	226	*	18
Maïs en conserves, 1/2 tasse	71	*	21
Maïs en crème, 1/2 tasse	122	*	19
Maïs en épi, 1 moyen	103		19
Maïs en grains entiers, 1 tasse	126		29

	Maïs, farine de, 1/2 tasse	242		45
	Maïs, fécule de, 1 c. à table	34		9
	Maïs, fécule de, au chocolat, 1 c. à table	102		7
	Maïs, fécule de, pouding à la, 1/2 tasse	152		24
	Maïs frais, surgelé, 1 tasse	142		46
	Maïs, galette de, 1 de 2 pouces	201	*	20
	Maïs, huile de, 1 c. à table	34		9
	Maïs, muffin au, 1 moyen	101	*	18
	Maïs, pain au, 1 morceau de 2 pouces	202	*	22
	Maïs, sirop de, 2 c. à table	116		24
	Mandarine, 1 grosse	34		8
	Mangue, 1 moyenne	101		19
•	Maquereau, p.n.	152		0
•	Maquereau en conserves, p.n.	174	*	0
•	Maquereau salé, p.n.	176	*	0
	Maraschin, cerises au, 2 moyennes	32		2
	Marbré, gâteau, 1 tranche d'un pouce	124	*	30
	Margarine, 1 c. à table	101	*	0
	Marjolaine, 1/8 de c. à table	0		0
	Marmelade, 1 c. à table	54		14
	Marmelade d'ananas, 1 c. à table	54		14
	Marmelade d'orange, 1 c. à table	54		14
	Marmelade de pamplemousse, 1 c. à table	54		14

P ALIMENTS	CAL	S	HC
• Marrons grillés, 8	52		13
Matzo, 1	76		17
• Matzo, boulettes de, p.n.	126		17
• Matzo et oeufs, 2 oeufs et beurre	202		18
Mayonnaise, 1 c. à table	101	*	T
Mazola, huile, 1 c. à table	101		0
Mélasse, 1 c. à tabe	52		13
Mélasse Blackstrap, 1 c. à table	46		11
Mélasse, bonbon à la, 1 carré d'un pouce	43		10
Melba, toast, 1	28	*	6
Melon Casaba, 1/8	65		7
Melon d'eau, 1 tranche moyenne	102		22
Melon de miel, 1/4	63		7
Menthe, feuilles de, 1 c. à table	0		0
Menthe, gelée à la, 1 c. à table	52		13
Menthe poivrée, crème glacée à la, p.n.	152	*	14
Menthe, sauce à la, avec sucre en poudre, 1 c. à tabe	52		10
Menthes au chocolat, 8 petites	128		21
Menthes d'après-dîner, 5	52		14
Meringue, tarte au citron et, p.n.	353		45
• Merlan grillé, p.n.	124		0
Mexicain, riz, 1 tasse	226		20
Mexicaine, maïs à la, 1/2 tasse	76		16
Miel, 1 c. à table	63		17
Miel en rayon, 1 c. à table	63		17

P	ALIMENTS	CAL	S	HC
	Miel, gâteau de, 1 tranche de 2 pouces	101		20
	Miel, melon de, 1/4	63		7
	Minérale, huile	0		0
	Minestrone, 1 portion	102	*	10
	Moka, glaçage au, 1 c. à table	46		6
•	Morue, portion normale	104		0
•	Morue, boulette de, 1 moyenne	106	*	5
•	Morue, croquette de, 1 moyenne	98		10
•	Morue en crème, 1/2 tasse	152		8
	Morue, huile de foie de, 1 c. à table	101		0
•	Morue séchée, 2 onces	211		T
•	Morue, steak de, p.n.	104		0
•	Moules, 12	126		0
	Mousse à l'abricot, p.n.	111	*	24
	Mousse à l'ananas, portion normale	352	*	35
	Mousse au citron, portion normale	42	*	3
	Mousse aux fraises, portion normale	352	*	17
	Moutarde, 1 c. à table	10	*	T
	Moutarde sèche, 1 c. à table	5		T
•	Mouton, côtelette de, 1/2 pouce	124	*	0
•	Mouton, gigot de, rôti, 1 tranche	201	*	0
•	Mouton grillé, portion normale	201		0
•	Muenster, fromage, 1-1/2 once	152		T
	Muffin, 1 moyen	126	*	19
	Muffin à la cannelle, 1 moyen	110	*	23
	Muffin anglais, 1 moyen	152	*	21

P ALIMENTS	CAL	S	HC
Muffin au blé entier, 1 moyen	126		19
Muffin au maïs, 1 moyen	101	*	18
Muffin au son, 1 moyen	102	*	24
Muffin aux bleuets, 1 moyen	151	*	23
Muffin aux figues, 1 moyen	156	*	26
Muffin Boston Brown, 1 moyen	111		20
Mûres, confitures de, 1 c. à table	54		14
Mûres, crème glacée aux, p.n.	154	*	14
Mûres, en conserves, avec eau, 1 tasse	101		13
Mûres, en conserves, avec sirop, 1 tasse	201		44
Mûres fraîches, 1 tasse	101		13
Mûres fraîches, 1 tasse, avec 2 c. à table de crème	166	*	16
Mûres, gelée de, 1 c. à table	54		13
Mûres, tarte aux, p.n.	352	*	38
Muscade, 1/8 de c. à table	0		0

N

	CAL	S	HC
Navets cuits, 1 tasse en dés	44		12
Navets en conserves, 1 tasse	44		11
Nectarine, 1 moyenne	51		12
• Neufchatel, fromage, 1-1/2 once	152		1
• Newburg, homard à la, p.n.	352	*	3

	CAL	S	HC
Noisettes, 10 moyennes	101		3
Noix au beurre, 5 moyennes	100		1
Noix, carré de caramel et de, 1 moyen	56		10
Noix, carré de caramel, de chocolat et de, 1 moyen	92		16
Noix, crème glacée à l'érable et aux, p.n.	152		14
Noix, crème glacée aux, p.n.	152		14
Noix d'acajou, 7 moyennes	76		8
Noix de coco, crème glacée à la, p.n.	153	*	14
Noix de coco fraîche, 1 morceau 2 x 1 x 1/2 pouces	101		4
Noix de coco, fudge à la, 1 morceau d'un pouce	112		22
Noix de coco, gâteau à la, p.n.	276	*	29
Noix de coco, gâteau à la, avec glaçage, p.n.	352	*	50
Noix de coco, macaron à la, 1 gros	101		14
Noix de coco sèche, 2 c. à table	53		4
Noix de coco, tarte à la crème à la, p.n.	402		50
Noix du Brézil, 2 moyennes	52		T
Noix, pain aux dattes et aux, p.n.	92		21
Nougat, 1 moyen	103		20
Nouilles, 3/4 de tasse	126		22
Nouilles, soupe aux, 1 tasse	126		7

P ALIMENTS	CAL	S	HC
Nouilles, soupe aux, et au poulet, 1 tasse	126		8
Nouvelle-Angleterre, soupe aux palourdes de la, p.n.	276	*	6
• Nouvelle-Ecosse, saumon de la, p.n.	201		0

O

	CAL	S	HC
Oeuf, blanc d', 1	16	*	T
• Oeuf, blanc d', séché, 1 once	118	*	T
Oeuf bouilli, 1 moyen	73	*	T
• Oeuf brouillé, 1 moyen	126	*	T
• Oeuf brouillé avec lait, 1 moyen	152	*	T
Oeuf cru, 1	73	*	T
• Oeuf frit, 1 moyen	103	*	T
Oeuf, jaune d', 1	63		T
• Oeuf, jaune d', séché, 1 once	201		T
• Oeuf poché, 1 moyen	73	*	1
• Oeuf poché à la crème, 1 moyen	73	*	2
• Oeufs à la créole, p.n.	173	*	4
• Oeufs au curry, p.n.	253	*	7
Oeufs, crème aux, 1/2 tasse	127		24
• Oeufs et Matzo, 2 oeufs et beurre	202	*	18
Oeufs, pain aux, 1 tranche	72	*	12
• Oeufs, sandwich aux, avec beurre	300	*	25

	CAL	S	HC
• Oie, foie d', p.n.	152		6
Oie, graisse d', 1 c. à table	142		0
• Oie rôtie, p.n.	174	*	0
• Oie rôtie, avec sauce, p.n.	325	*	22
Oignon bouilli, 1 gros	56		11
Oignon cru, 1 gros	51		11
Oignon frit, 1 gros	103		10
Oignon frit, à la française, 1 gros	153	*	10
Oignon, soupe à l', 1 tasse	101		4
Oignon, soupe à l', à la française, 1 tasse	151	*	10
Oignons en crème, 2 c. à table de sauce, 1/2 tasse	146	*	8
Oignons, petit pain aux, 1 moyen	151	*	28
Olive, huile d', 1 c. à table	126		0
Olives, 6 petites	53	*	T
• Omelette, 2 oeufs, 1 c. à table de beurre	186	*	T
• Omelette à la gelée, 1 c. à table	237	*	13
• Omelette au fromage, 2 oeufs	202	*	1
• Omelette aux asperges, 2 oeufs	224	*	1
• Omelette aux champignons ,2 oeufs	191	*	2
• Omelette espagnole, moyenne	226	*	8
• Omelette western, moyenne	326	*	1
Orange, 1 moyenne	74		17
Orange, ambroisie à l', 1 portion	142		28

Aliment	CAL	S	HC
Orange, confitures d', 1 c. à table	52		14
Orange, glaçage à l', 1 c. à table	32		6
Orange, marmelade d', 1 c. à table	54		14
Orange, pastille à l', bonbon, chacune	15		4
Orange, sorbet à l', p.n.	103	*	29
Orange, zeste d', confit, 1 once	103		24
Orge, 1/2 tasse	326		80
Orge, soupe à l', 1 tasse	126		13
Orge, soupe crème d', 1 tasse	204		13
Orge, soupe à l', et aux champignons, 1 tasse	122		12
Origan, 1/8 de c. à thé	0		0

P

Aliment	CAL	S	HC
Pacanes, 3	51		1
Pacanes, crème glacée au beurre de, portion normale	152	*	14
Pain, 1 tranche	104	*	12
Pain à la compote de pommes, 1 tranche	112	*	21
Pain au gluten, 1 tranche	73		12
Pain au maïs, 1 carré de 2 pouces	202	*	22
Pain aux dattes et aux noix, p.n.	92	*	21
Pain aux oeufs, 1 tranche	72	*	12
Pain aux protéines, 1 tranche	45		5

	CAL	S	HC
Pain aux raisins, 1 tranche	74	*	12
Pain aux raisins, grillé, 1 tranche	74	*	12
Pain blanc, 1 tranche	64	*	12
Pain blanc, grillé, 1 tranche	64	*	12
Pain, croûtes de, séchées, râpées, 1/2 tasse	174	*	33
Pain de blé concassé, 1 tranche	57	*	12
Pain de blé entier, 1 tranche	64	*	11
Pain de blé entier, grillé, 1 tranche	64	*	11
Pain d'épices, 1 carré de 2 pouces	176	*	32
• Pain de saumon, p.n.	226	*	7
Pain de seigle, 1 tranche	72	*	12
Pain de seigle, grillé, 1 tranche	72	*	12
Pain de seigle juif, 1 tranche	72	*	12
Pain de seigle russe, 1 tranche	72	*	14
Pain de son, 1 tranche	74		14
• Pain de viande, p.n.	226	*	3
Pain doré, 1 tranche	126	*	15
Pain et beurre, 1 tranche	94	*	12
Pain français, 1 tranche	52	*	10
Pain Graham, 1 tranche	72	*	14
Pain italien, 1 tranche	54	*	9
Pain, petit, à hot dog, 1	126	*	12
Pain, petit, à la cannelle, 1 moyen	102	*	11
Pain, petit, au blé entier, 1 moyen	91	*	14
Pain, petit, au carvi, 1 moyen	124	*	15

ALIMENTS	CAL	S	HC
Pain, petit, aux oignons, 1 moyen	151	*	23
Pain, petit, du Vendredi-Saint, 1	152	*	18
Pain, petit, français, 1	102	*	20
Pain, pouding au, 1/2 tasse	128	*	32
• Paleron de boeuf, portion normale	304		0
• Palourdes, 12 moyennes	104	*	3
• Palourdes à l'étuvée, 12 moyennes	104	*	4
Palourdes, bouillon de, 6 onces	52	*	T
• Palourdes, Cherrystone, crues, 12 m.	126	*	10
• Palourdes, cocktail de, 6 moyennes	72	*	2
• Palourdes frites, 6	201	*	5
Palourdes, jus de, 6 onces	52	*	0
Palourdes, soupe de, 1 tasse	101	*	8
Palourdes, soupe de, de Boston, p.n.	276	*	22
Palourdes, soupe de, de la Nouvelle-Angleterre, p.n.	276	*	6
Pamplemousse, 1/2 d'un petit	52		11
Pamplemousse, en conserves, 1/2 tasse	73	*	18
Pamplemousse grillé, 1 c. à table de sucre, 1/2	72		15
Pamplemousse, marmelade de, 1 c. à table	54		14
Pamplemousse, zeste de, confit, 1 once	105		24
Panais cuit, 1 gros	76		16
Papaya, jus de, 6 onces	75		30
Paprika, 1/8 de c. à table	0	*	0
Paprika hongrois, 1/8 de c. à table	0		0

P ALIMENTS	CAL	S	HC
• Paprika, poulet au, p.n.	201		0
Parfait à l'érable, 1 moyen	251	*	14
Parfait au café, 1 moyen	251	*	14
Parfait aux pêches, 1 moyen	251	*	39
• Parmesan, fromage, 1 c. à table	26	*	T
Pastille à l'orange, chacune	15		4
Pastilles de menthe, 1 once	108		26
Patates sucrées au four, 5 onces	216		45
Patates sucrées bouillies, 6 onces	216		45
Patates sucrées confites, 6 onces	302		60
Patates sucrées, en conserves, 1 tasse	237	*	45
Patates sucrées, pâté de, p.n.	452	*	52
Pâté d'anchois, 1 c. à table	52	*	1
• Pâté de boeuf, p.n.	372		32
• Pâté de foie, 1 c. à table	51		T
• Pâté de poulet, p.n.	350		20
• Pâté de rognons, p.n.	226		24
• Pâté de rognons et de boeuf, p.n.	374		24
Pâtisserie danoise, p.n.	252	*	24
• Pâtisserie danoise, avec fromage, p.n.	252	*	14
Pêches aux épices, 2 moitiés	73	*	28
Pêches en conserves, 2 moitiés	53	*	11
Pêches en conserves, à l'eau, 2 moitiés	50		9
Pêches fraîches, 1 tasse	50		18
Pêches, gelée de, 1 c. à table	52		13

ALIMENTS	CAL	S	HC
Pêches, mousse aux, p.n.	352	*	17
Pêches, parfait aux, 1 moyen	251	*	39
Pêches, shortcake aux, p.n.	352	*	41
Pêches, tarte aux, 1 portion	376	*	70
• Perche, portion normale	99		0
• Perche frite, p.n.	202		6
• Perche surgelée, p.n.	101		0
Person, melon, 1/8 d'un moyen	64		15
Persil, 1 c. à table	2		T
Petits fours, p.n.	102	*	25
Petit gâteau, 1	101	*	33
Petit gâteau, glacé, 1 petit	152	*	31
• Pétoncles, p.n.	103		2
Pickles à la moutarde, 4 onces	74	*	0
Pickles, dill ou sur, 1 gros	15	*	3
Pickles sucrés, 1 petit	26	*	5
• Pigeonneau, 1	151		0
Piment farci, 1	123		11
Piment fort, 1 moyen	15		0
• Piment, fromage au, 1-1/2 once	152		0
Piment rouge, frais, 1 moyen	38		5
Piment vert, frais, 1 gros	23		5
Piment vert, cuit, 1 gros	23		5
Pissenlits cuits, 1/2 tasse	42	*	9
Pissenlits frais, 1/2 tasse	53		9
Pistaches, 16	51		2

ALIMENTS	CAL	S	HC
Pistaches, crème glacée aux, p.n.	152	*	17
• Pizza aux anchois et au fromage, 1/6 — 12 pouces dia.	226	*	23
Pizza aux champignons, 1/6 — 12 po. dia.	253	*	23
• Pizza aux crevettes, 1/6 — 12 po. dia.	227	*	23
• Pizza aux saucisses, 1/6 — 12 po. dia.	252	*	23
Pizza aux tomates, 1/6 — 12 po. dia.	203	*	23
Plum Pudding, portion normale	277		41
Poché, oeuf, 1 moyen	73	*	1
Poché, oeuf, à la crème, 1 moyen	73	*	2
Poires aux épices, 2 moitiés	73	*	26
Poires en conserves ou cuites, 2 moitiés	74	*	12
Poires fraîches, 1 moyenne	73		18
Poires séchées, 1/2	48		12
Poireau, 1 moyen	7		1
Pois à la crème, 1/2 tasse, 2 c. à table	105		16
Pois en conserves ou cuits, 1 tasse	109	*	19
Pois, soupe crème de, 1 tasse	276	*	23
Pois cassés, soupe aux, 3/4 de tasse	141	*	13
Pois cassés, soupe crème de, 1 tasse	202	*	22
• Poisson blanc cuit à la vapeur, p.n.	126		0
• Poisson blanc grillé, p.n.	126	*	0
• Poisson blanc frit, p.n.	226		0
• Poisson blanc fumé, p.n.	152	*	0

P ALIMENTS	CAL	S	HC
• Poisson, boulette de, 1	101		5
• Poisson, espadon, p.n.	154		0
• Poisson frit, avec beurre, p.n.	202		0
• Poisson fumé, 1/2	154	*	0
• Poisson, morue, p.n.	104		0
• Poisson, morue, boulette de, 1 moyenne	106		5
• Poisson, morue, croquette de, 1 moyenne	98		10
• Poisson, morue, en crème, 2 c. à table, p.n.	152		8
• Poisson, morue, filet de, p.n.	104		0
• Poisson, morue séchée, 2 onces	211	*	T
• Poisson, thon cuit, 3/4 de tasse	101		0
• Poisson, thon en conserves, à l'huile, 1/2 tasse	252	*	0
Poivre, 1/8 de c. à table	0		0
Poivre de cayenne, 1/8 de c. à table	0		0
• Poivre, steak au, p.n.	226		5
• Poivre, steak au, à la chinoise, p.n.	276	*	T
Pomme, 1 petite	74		11
Pomme au four, avec sucre, 1 petite	203		47
Pomme au four, avec sucre et crème, 1 petite	304	*	47
Pomme, beurre de, 1 c. à table	38		9
Pomme, compote de, en conserves, 1/2 tasse	52	*	13
Pomme, compote de, en conserves, avec sucre, 1/2 tasse	104	*	25

Aliment	CAL	S	HC
Pomme, compote de, fraîche, avec sucre, 1/2 tasse	102	*	23
Pomme, compote de, gâteau à la, 1/8	422	*	63
Pomme, compote de, pain à la, 1 tranche	112	*	21
Pomme cuite, 1	122		29
Pomme cuite au four, 1	104		0
Pomme enrobée cuite au four, 1 moyenne	278	*	63
Pomme séchée, 2 onces	152		32
Pomme sur un bâton, 1	262		55
Pomme, vinaigre de, 1 once	0		0
Pommes, beignet aux, 1	203	*	12
Pommes, chausson aux, 1 moyen	252	*	37
Pommes, gâteau aux, à la hollandaise, portion normale	256	*	65
Pommes, gelée de, 1 c. à table	53		13
Pommes, pâté aux, p.n.	324	*	44
Pommes, salade de, en cubes, p.n.	83		18
Pommes, strudel aux, p.n.	226	*	34
Pommes, tapioca aux, 4 onces	153		26
Pommes, tarte aux, 1/6	277	*	42
Pommes, tarte aux, à la française, p.n.	302	*	45
Pommes, tarte aux, à la mode, 1 portion	427	*	58
Pommes, tartelette aux, 1 moyenne	178		26
Pomme de terre à la crème, 2 c. à table de sauce, 1 moyenne	176		19
Pomme de terre au four, 1 moyenne	127		28

ALIMENTS	CAL	S	HC
Pomme de terre bouillie, 1 moyenne	127		28
Pomme de terre brune, 1 moyenne	152		28
Pomme de terre "chips", 1/2 tasse	103	*	7
Pomme de terre en purée, 1 c. à table de beurre et 2 c. à table de lait, 1 moyenne	183	*	28
Pomme de terre frite à l'américaine, 1 moyenne	242	*	7
Pomme de terre Idaho au four, 1 moyenne	126		28
Pomme de terre irlandaise bouillie, 1 moyenne	127		28
Pomme de terre julienne, 1 moyenne	227	*	30
Pomme de terre lyonnaise, 1 moyenne	227	*	28
Pomme de terre au gratin, p.n.	226	*	16
Pommes de terre frites à la française, 6 moyennes	102	*	12
Pommes de terre, salade de, 1/2 tasse	176		16
Pommes de terre, soupe de, 1 tasse	176		15
Pommes de terre, soupe crème de, 1 tasse	303	*	15
Popcorn, avec 1 c. à table de beurre, 1 tasse	152	*	11
Popcorn, avec sirop, p.n.	142		13
Popcorn nature, 1 tasse	52	*	11
• Porc à la chinoise, p.n.	476	*	1

Aliments	CAL	S	HC
• Porc au curry, p.n.	402	*	7
• Porc, cervelle de, crue, p.n., 6 onces	202	*	2
• Porc, chop suey au, 1/2 tasse	301	*	4
• Porc, chow mein au, 1/2 tasse	175	*	4
• Porc, côtelette de, au four, 1 moyenne	224		0
• Porc, côtelette de, frite, 1 moyenne	249		0
• Porc, côtelette de, grillée, 1 moyenne	224		0
• Porc, foie de, p.n.	151	*	4
• Porc, longe de, rôtie, 1 tranche	103		0
• Porc, riz frit à la chinoise au, 1 tasse	223	*	22
• Porc, rognons de, p.n.	133	*	2
• Porc, rôti de, p.n.	203		0
• Porc, saucisses de, 2 de 3 pouces	151		0
Postum, sans lait, 1 tasse	10		3
Potage au curry, 1 tasse	176		20
Pouding à la fécule de maïs, 1/2 tasse	152	*	24
Pouding au caramel, 1/2 tasse	172		23
Pouding au chocolat, 1/2 tasse	252		31
Pouding au pain, 1/2 tasse	128	*	32
Pouding au riz, 1/2 tasse	172		32
Pouding au tapioca, 1/2 tasse	141		24
Pouding aux dattes, portion normale	103	*	16
Pouding aux pêches, portion normale	202		24
Pouding aux prunes, portion normale	227		41
Pouding Yorkshire, portion normale	202	*	28

| --- | --- | --- | --- |
Poudre de curry, 1 c. à table	0		0
Poudre, sucre en, 1 c. à table	30		24
• Poulet à la Cacciatore, p.n.	552		10
• Poulet à la King, 1/2 tasse	377	*	4
• Poulet au curry, portion normale	324		7
Poulet au gumbo, 1 tasse	123		6
• Poulet au paprika, portion normale	201		0
• Poulet barbecue, portion normale	202		0
• Poulet bouilli, 1/2 petit	104		0
• Poulet, bouillon de, 1 tasse	25	*	0
• Poulet, chop suey au, 1/2 tasse	274	*	4
• Poulet, chow mein au, 1/2 tasse	124	*	4
• Poulet en crème, 4 onces, 2 c. à table	276	*	6
• Poulet en conserves, 4 onces	224	*	0
• Poulet, foie de, chacun	52		T
• Poulet, foie de, haché, 1 once	126		T
• Poulet, fricassée de, p.n.	226		6
• Poulet frit, 1/2 moyen	324		0
Poulet, graisse de, 1 c. à table	42	*	0
• Poulet grillé, 1/2 petit	102		0
• Poulet, pâté au, p.n.	350	*	20
• Poulet, ragoût de, 4 onces	352	*	20
• Poulet, riz frit à la chinoise avec, 1 tasse	206		22
• Poulet rôti, portion normale	201		0
• Poulet, salade de, p.n.	227		3

ALIMENTS	CAL	S	HC
Poulet, soupe au, 1 tasse	103	*	2
Poulet, soupe au gumbo et au, 1 tasse	123		6
Poulet, soupe au riz et au, 1 tasse	126	*	5
Poulet, soupe aux boulettes de Matzo et au, 1 tasse	174	*	34
Poulet, soupe aux nouilles et au, 1 tasse	126	*	8
Poulet, soupe crème de, en conserves, 1 tasse	202		12
Poulet Won Ton, 4 morceaux moyens	156		7
Pound, gâteau, 1 tranche moyenne	126		35
Praline, 1	301		56
Pretzels, 6 moyens	101		12
Pretzels, bâtonnets de, 5 moyens	21		4
Protéines, pain aux, 1 tranche	48		5
• Provolone, fromage, 1-1/2 once	102		T
Prune fraîche, 1	30		7
Prunes en conserves, 2 moyennes	77	*	18
Pruneaux cuits, 3	102		24
Pruneaux, jus de, 1/2 tasse	85		23
Pruneaux, mousse de, 1 tasse	101		24
Pruneaux secs, 4	102		24
Pruneaux, strudel aux, p.n.	227		14
Punch aux fruits, 6 onces	153		33
Purée de tomate, 1 tasse	90		16

Q

• Queues de boeuf grillées, p.n.	256		T
• Queues de homard, p.n.	101	*	T

R

Radis, 4 petits	16		2
• Ragoût d'agneau, 1 tasse	250	*	15
• Ragoût de poulet, 4 onces	452	*	20
• Ragoût irlandais, 1 tasse	250	*	15
Raisins, biscuits aux, 1/4 de livre	502	*	90
Raisins Concord, 1 tasse	92		16
Raisins, confitures de, 1 c. à table	52		14
Raisins Delaware, 1 tasse	83		16
Raisins, fudge aux, 1 carré d'un pouce	102		22
Raisins, gelée de, 2 c. à table	53		13
Raisins Malaga, 1 tasse	101		17
Raisins Muscat, 1 tasse	101		17
Raisins Niagara, 1 tasse	84		16
Raisins, pain aux, 1 tranche	74	*	12
Raisins, pain aux, grillé, 1 tranche	74	*	12
Raisins Scuppernong, 1 tasse	84		16
Raisins, tarte aux, 1 portion	402	*	65
Raisins Tokay, 1 tasse	101		17

P ALIMENTS	CAL	S	HC
• Reggiano, fromage, 1-1/2 once	172	*	T
Réglisse, bâton de, 1 once	104		24
Réglisse, bonbon de, 1 once	104		24
Réglisse, pastille de, 1 once	104		24
Rhubarbe cuite, avec sucre, 1/2 tasse	192		43
Rhubarbe cuite, sans sucre, 1 tasse	37		8
Rhubarbe, tarte à la, portion normale	402		78
• Ris d'agneau ou de veau, petite portion	126		0
• Ris d'agneau ou de veau, à la crème,			
2 c. à table, petite portion	172		3
• Ris d'agneau ou de veau, grillés, p.p.	126		0
Riz bouilli, blanc, 3/4 de tasse	104		22
Riz brun, 3/4 de tasse	104		22
Riz converti cuit, 3/4 de tasse	101		24
Riz crème au, 1/2 tasse	204		38
Riz cuit à la vapeur, 1/2 tasse	101		22
Riz espagnol, portion normale	127		20
• Riz espagnol, avec viande, p.n.	203		17
Riz, farine de, 1/2 tasse	240		26
Riz, flocons de (céréales), 1 tasse	122		26
Riz, flocons de, croustillants (Rice			
Krispies), 1 tasse	153		26
Riz, flocons de, soufflés (Puffed			
Rice), 1 tasse	56		27
• Riz frit avec crevettes, p.n.	402		22
• Riz frit avec porc, portion normale	475		22

• Riz frit avec poulet, p.n.	425		22
Riz frit à la chinoise, 1 tasse	206		22
• Riz frit à la chinoise, avec porc,			
• 1 tasse	223		22
• Riz frit à la chinoise, avec poulet,			
1 tasse	206		22
Riz, gâteau de, 2 onces	227		25
Riz mexicain, 1 tasse	226		20
Riz, pouding au, 1/2 tasse	172		30
Riz sauvage, 3/4 de tasse, cuit	109		25
Riz, soupe au poulet et au, 1 tasse	126		5
• Rognons, portion normale	162	*	2
• Rognons d'agneau, portion normale	121	*	2
• Rognons de boeuf, portion normale	226	*	2
• Rognons de porc, portion normale	133	*	2
• Rognons grillés, portion normale	225	*	T
• Rognons, pâté de, portion normale	226	*	24
• Rognons, pâté de boeuf et de, p.n.	374	*	24
• Rognons, ragoût de, p.n.	225	*	10
Romarin, 1/8 de c. à table	0		0
Romaine, laitue, 1/2	19		4
• Romano, fromage, 1-1/2 once	172		T
• Roquefort, fromage, 1-1/2 once	152		T
Roquefort, vinaigrette au, 1 c. à table	126		T
• Rôti, agneau, portion normale	201	*	0
• Rôti, canard, avec sauce, p.n.	374	*	22

P	ALIMENTS	CAL	S	HC
•	Rôti, chapon, portion normale	225		0
•	Rôti de boeuf, portion normale	202		0
•	Rôti de porc, portion normale	203		0
•	Rôti de porc, à la chinoise, p.n.	203		0
•	Rôti de veau, portion normale	152		0
•	Rôti, gigot de mouton, 1 tranche	201		0
•	Rôti, pigeonneau, 1/2 moyen	201		0
•	Rôti, poulet, portion normale	201		0
•	Rôtie, oie, portion normale	174	*	0
•	Rôtie, oie, avec sauce, p.n.	325	*	22
	Rouge, chou, bouilli, 1/2 tasse	42		4
	Rouge, chou, cru, 3/4 de tasse	20		7
	Rouge, horseradish, 1 c. à table	5		T
	Rouge, piment, frais, 1 moyen	38		5
•	Rouge, saumon, en conserves, p.n.	201		0
	Russe, vinaigrette, 1 c. à table	52		T
	Rutabaga, 1/2 tasse	30		9
	Ry-Krisp (biscottes), 3	50		10
	Rye whisky, 1 verre	102		T

S

	Sabayon, 1	153		6
	Sablé, biscuit, 1	126		19
	Saccharine, 1/8 de c. à table	0		0

P	ALIMENTS	CAL	S	HC
	Salade d'avocat, portion normale	274		10
	Salade de chou, 1 tasse	20		14
•	Salade de poulet, portion normale	227		3
	Salade, vinaigrette bouillie, 1/4 de tasse	102		12
	Salade, vinaigrette française, 1 c. à table	48		0
	Salade, vinaigrette huile et vinaigre, 1/2 c. à table	48		0
	Salade, vinaigrette roquefort, 1 c. à table	126	*	T
•	Salami fort, 1 once	126	*	T
•	Salami italien, 1 once	126	*	T
•	Salami juif, 1 once	126	*	T
•	Salé, maquereau, portion normale	176	*	0
	Salé, porc, graisse de, 1 once	203	*	0
	Salées, amandes, 12 moyennes	102	*	3
	Salés, biscuits soda, 6	101	*	36
•	Sandwich au fromage canadien	253	*	24
•	Sandwich au fromage canadien et tomate ..	263		27
•	Sandwich aux oeufs, avec beurre, 1-1/2 oeuf	300		25
•	Sardines en conserves, 4	103	*	T
•	Sardines en conserves, avec sauce tomate, 1	103	*	T
	Sarrasin, crêpe au, 1 de 4 po. dia.	92		21

P ALIMENTS	CAL	S	HC
Sarrasin, farine de, 1/2 tasse	242		40
Sarrasin, galette de, 1 de 4 pouces	92		21
Sarriette, 1/8 de c. à table	0		0
Sauce A-1, 1 c. à table	10	*	0
Sauce à l'ail, 1 c. à table	102		3
Sauce à la crème, 2 c. à table	53	*	2
Sauce au beurre et au citron, 1 c. à table	20		2
Sauce au caramel, 1 c. à table	25		5
Sauce au chocolat, 1 c. à table	25		5
Sauce au citron, 1 c. à table	25	*	5
Sauce au fudge, 1 c. à table	52		18
Sauce au homard, 1 c. à table	43		4
Sauce au vin, 1 c. à table	36		2
Sauce aux canneberges, 3 c. à table	104		27
Sauce aux cerises, 2 c. à table	50		19
Sauce aux tomates, 1/4 de tasse	51	*	4
Sauce barbecue, 1 c. à table	52		T
Sauce blanche, 1 c. à table	26		1
Sauce Chili, 1 c. à table	22	*	4
Sauce de cocktail de fruits de mer, 1 c. à table	51		T
Sauce de soja, 1 c. à table	4	*	0
Sauce de viande, 1 c. à table	52		5
Sauce forte, 1 c. à table	105		14
Sauce hollandaise, 1 c. à table	72	*	T

Sauce tartare, 1 c. à table .... 101 * T

Sauce Worcestershire, 1 c. à table .... 16 * 2

• Saucisses cocktail de Francfort,
  1/4 de livre .... 301 * 1

• Saucisses cocktail de porc,
  1/4 de livre .... 352 * 0

• Saucisses de Bologne, 2 onces .... 124 * 2

• Saucisses de Francfort, 1 moyenne .... 126 * T

Saucisses de Francfort, au barbecue,
  1 moyenne .... 126 * T

• Saucisses de Francfort, avec choucroute,
  2 saucisses, 1/2 tasse de choucroute .... 276 * 5

• Saucisses de Francfort, avec salade
  de pommes de terre, 2 saucisses,
  1/2 tasse de salade de p. de t. .... 422 * 17

• Saucisses de Francfort, avec 1 oeuf
  brouillé, 2 saucisses .... 353 * 2

• Saucisses de Francfort, tout boeuf,
  1 moyenne .... 126 * 0

• Saucisses de porc, 2 de 3 pouces de
  longueur .... 151 * 0

Saucisses, foie de, 1 tranche
  3 x 1/4 de po. .... 6 * T

• Saucisses Knockwurst, 1 moyenne .... 255 * 1

• Saucisses, pizza aux, 1/6 — 12 po. .... 252 * 23

Sauge, 1/8 de c. à table 0 0

	ALIMENTS	CAL	S	HC
•	Saumon au four, 1 portion	252		0
•	Saumon bouilli, 4 onces	142		0
•	Saumon Chinook, en conserves, p.n.	237	*	0
•	Saumon de la Nouvelle-Ecosse, 2 onces	201	*	0
•	Saumon en conserves, 1/2 tasse	201	*	0
•	Saumon fumé, 2 onces	201	*	0
•	Saumon grillé, 1 tranche normale	224	*	0
•	Saumon, pain de, p.n.	226	*	7
•	Saumon rouge et sockeye, en conserves, portion normale	191	*	0
•	Saumon rose, en conserves, p.n.	159	*	0
	Sautés, champignons, 2 c. à table de beurre, 1/2 tasse	84	*	4
•	Sébaste, portion normale	185		0
•	Sébaste au four, portion normale	204		0
•	Sébaste frit, portion normale	323		0
•	Sébaste grillé, portion normale	182		0
	Sel, 1/8 de c. à table	0		0
	Sel de céleri, 1/8 de c. à table	0		0
	Sel de mer, bonbon au, 1	43		10
•	Shish Kebab, portion normale	350		3
•	Sirloin, steak de, (faux-filet), p.n.	204		0
	Sirop au caramel, 1 c. à table	64		16
	Sirop au chocolat, 1 c. à table	62		10
	Sirop au sucre brun, 1 c. à table	63		15
	Sirop aux fruits, 1 c. à table	62		14

P ALIMENTS	CAL	S	HC
Sirop d'érable, 1 c. à table	62		13
Sirop de grenadine, 1 c. à table	56		T
Sirop de maïs, 2 c. à table	116		24
Sloe Gin, 1 once	77		3
Soja, farine de, 1 tasse	233		32
Soja, farine de, grains de, 1 tasse	364		7
Soja, fèves de, 1/2 tasse	116		6
Soja, sauce, 1 c. à table	4		1
• Sole, portion normale	126		0
• Sole, filet de, frit, p.n.	201		0
• Sole, filet de, grillé, p.n.	126		0
Son, céréales de (Bran Flakes), 3/4 de tasse	98	*	21
Son, muffin au, 1 moyen	102	*	24
Son, pain de, 1 tranche	74		14
Sorbet, portion normale	103	*	29
Sorbet à l'ananas, portion normale	103	*	29
Sorbet à l'orange, portion normale	103	*	29
Sorbet aux fraises, portion normale	103	*	29
Sorbet aux framboises, p.n.	103	*	29
Sorbet aux fruits, p.n.	103	*	29
Soufflé au fromage, 3/4 de tasse	152	*	6
Soupe à la queue de boeuf, 1 tasse	203	*	0
Soupe à la tortue, 1 tasse	126	*	0
Soupe à l'oignon à la française, avec croûtons, 1 tasse	152	*	10

ALIMENTS	CAL	S	HC
Soupe à l'oignon, 1 tasse	101	*	4
Soupe à l'orge, 1 tasse	126	*	13
Soupe à l'orge et aux champignons, 1 tasse	122	*	13
Soupe au boeuf, froide, 1 tasse	77	*	2
Soupe au canard, 1 tasse	127	*	2
Soupe au céleri, 1 tasse	102	*	7
Soupe au chou, 1 tasse	52	*	0
Soupe au poulet, 1 tasse	103	*	2
Soupe au poulet et boulettes de Matzo, 1 tasse	174	*	34
Soupe au poulet et Gumbo, 1 tasse	123	*	6
Soupe au poulet et nouilles, 1 tasse	126	*	8
Soupe au poulet et riz, 1 tasse	126	*	5
Soupe aux fèves, 1 tasse	229	*	13
Soupe aux fèves noires, 1 tasse	224	*	17
Soupe aux légumes, 1 tasse	103	*	11
Soupe aux lentilles, 1 tasse	303	*	40
Soupe aux nouilles, 1 tasse	126	*	7
Soupe aux palourdes, 1 tasse	101	*	8
Soupe aux palourdes de Boston, p.n.	276	*	22
Soupe aux palourdes de la Nouvelle-Angleterre, p.n.	276	*	6
Soupe aux pois cassés, 3/4 de tasse	141	*	13
Soupe aux pommes de terre, 1 tasse	176	*	15
Soupe aux tomates, 1 tasse	103	*	13

P ALIMENTS	CAL	S	HC
Soupe crème d'asperges, 1 tasse	204	*	13
Soupe crème de canard, 1 tasse	224	*	12
Soupe crème de céleri, 2/3 de tasse	152	*	8
Soupe crème de dinde, 1 tasse	202	*	12
Soupe crème d'épinards, 1 tasse	177	*	8
Soupe crème de maïs, 1 tasse	226	*	18
Soupe crème de pois, 1 tasse	276	*	23
Soupe crème de pois cassés, 1 tasse	202	*	22
Soupe crème de poulet, 1 tasse	202	*	12
Soupe crème de tomates, 1 tasse	225	*	18
Soupe, bouillon de boeuf, 1 tasse	32	*	2
Soupe Minestrone, 1 portion	102	*	10
Soupe potage au curry, 1 tasse	176	*	20
Soupe Won Ton, portion normale	251	*	7
Spaghetti, 5/8 de tasse	103	*	20
Spaghetti avec beurre, 1/4 de livre	223	*	20
• Spaghetti avec 2 boulettes de viande, 1/4 de livre	372	*	45
• Spaghetti avec fromage, 1/4 de livre	202	*	20
• Spaghetti avec sauce à la viande, 1/4 de livre	277	*	47
• Spaghetti avec sauce aux palourdes, 1/4 de livre	200	*	43
Spaghetti avec sauce aux tomates, p.n.	237	*	47
• Spaghetti italien avec sauce à la viande, portion normale	375	*	47

P ALIMENTS	CAL	S	HC
• Spareribs (petites côtes de porc) au barbecue, 6 moyens	252		1
• Steak au poivre, portion normale	226		5
• Steak, côte de, portion normale	203		0
• Steak, cube, 1-1/2 once	152		0
• Steak dans la ronde, p.n.	204		0
• Steak de boeuf, portion normale	202		0
• Steak de hamburger, 1/4 de livre	352		0
• Steak de jambon, portion normale	402		0
• Steak de veau, portion normale	253		0
• Steak, entrecôte, p.n.	203		0
• Steak, faux-filet (sirloin), p.n.	204		0
• Steak, filet de (porterhouse, tenderloin), p.n.	402		0
• Steak, flanchet de, portion normale	352		0
• Steak, paleron de boeuf, p.n.	304		0
• Steak Salisbury, portion normale	403		T
• Steak suisse, 1-1/2 once	153		15
• Steak spencer, portion normale	201		0
• Stilton, fromage, 1-1/2 once	152		41
• Strogonoff, boeuf, p.n.	352		7
Strudel au fromage, portion normale	224	*	14
Strudel aux pommes, p.n.	226	*	34
Strudel aux pruneaux, p.n.	227	*	14
Sucre blanc, 1 c. à table	18		4
Sucre brun, 1 c. à table	18		5

ALIMENTS	CAL	S	HC
Sucre brun, fudge au, 1 carré d'un pouce	101		22
Sucre brun, glaçage au, 1 c. à table	58		6
Sucre brun, sirop au, 1 c. à table	63		15
Sucre de betteraves, 1 c. à table	18		4
Sucre de canne, 1 c. à table	18		4
Sucre d'érable, 1 once	101		8
Sucre en poudre, 1 c. à table	30	*	24
Sucre granulé, 1 c. à table	18		4
Suédois, pain, nature, 1 tranche	53		16
Suédois, pain de seigle, 1 tranche	75		12
• Suisse, fromage, 1 once	152	*	1
• Suisse, fromage Gruyère, 2 onces	224	*	1
• Suisse, steak, 1-1/2 once	153		15
Sundae à l'ananas, portion normale	402	*	39
Sundae au caramel, moyen	352	*	46
Sundae au chocolat, moyen	351	*	54
Sundae à l'érable et aux noix, p.n.	352	*	27
Sundae au fudge, moyen	377	*	42
Sundae au fudge chaud, moyen	402	*	53
Sundae aux fruits, p.n.	401	*	37
Sundae à la guimauve, p.n.	404	*	41
Sundae aux noix, moyen	404	*	50
Surgelé, brocoli, 1 tasse	43		8
Surgelée, perche, portion normale	101		0
Surgelées, fraises, avec sucre, p.n.	122	*	27

	CAL	S	HC
Surgelés, abricots, 5 moyens	103	*	22
Suzette, crêpe, 1	225		22

T

	CAL	S	HC
Tablette de chocolat, 2 onces	252		32
Tablette de chocolat avec amandes, 1 moyenne	263		17
Tablettes de figues, 2	102		22
Tapioca aux pommes, 4 onces	153		26
Tapioca, pouding au, 1/2 tasse	141		24
Tartare, sauce, 1 c. à table	101		T
Tarte à l'abricot, 1/8	252	*	31
Tarte à l'abricot, avec meringue, p.n.	254	*	45
Tarte à l'abricot, avec pruneaux, p.n.	254	*	31
Tarte à l'ananas, p.n.	352	*	53
Tarte à la citrouille, 1 portion	327	*	34
Tarte à la crème à l'ananas, p.n.	402	*	57
Tarte à la crème au chocolat, 1 portion	402	*	47
Tarte à la crème au citron, p.n.	353	*	50
Tarte à la crème aux bleuets, p.n.	402	*	56
Tarte à la crème aux cerises, p.n.	402	*	55
Tarte à la crème aux fraises, p.n.	402	*	55
Tarte à la crème aux oeufs (cossetarde) p.n.	229	*	23

ALIMENTS	CAL	S	HC
Tarte à la crème aux pêches, p.n.	402	*	55
Tarte à la crème Boston, p.n.	403	*	55
Tarte à la crème de banane, p.n.	352	*	56
Tarte à la crème de noix de coco, p.n.	402	*	50
Tarte à la rhubarbe, p.n.	402	*	78
Tarte au caramel, p.n.	352	*	57
Tarte au citron, p.n.	353	*	12
Tarte au citron, avec meringue, p.n.	353	*	45
Tarte au fromage, p.n.	352	*	57
Tarte au fromage à l'ananas, p.n.	352	*	57
Tarte aux bleuets, p.n.	377	*	38
Tarte aux cerises, p.n.	352	*	55
Tarte aux fraises, p.n.	372	*	56
Tarte aux framboises, p.n.	352	*	57
Tarte aux groseilles, p.n.	362	*	57
Tarte aux mûres, p.n.	352	*	38
Tarte aux myrtilles, p.n.	352	*	57
Tarte aux pêches, p.n.	376	*	70
Tarte aux pommes, 1 portion	277	*	42
Tarte aux pommes à la française, p.n.	302	*	45
Tarte aux pommes à la mode, 1 portion	427	*	58
Tarte aux raisins, p.n.	402	*	65
Tarte chiffon à la lime, p.n.	276	*	34
Tarte chiffon au citron, p.n.	276	*	35
Tarte chiffon aux fraises, p.n.	273	*	34
Tartelette aux bleuets, 1 moyenne	228	*	21

Aliment	CAL	S	HC
Tartelette aux fraises, 1 moyenne	303	*	21
Tartelette aux pommes, 1 moyenne	178	*	21
• Thon à l'huile, en conserves, 1/4 de tasse	124		0
• Thon cuit, 3/4 de tasse	101		0
Thym, 1/8 de c. à table	0		0
Toast à la cannelle, 1	201	*	29
Toast au lait, 1	175	*	14
Toast au pain blanc, 1	64	*	12
Toast au pain de blé entier, 1	64	*	11
Toast au pain de seigle, 1	72		14
Toast aux raisins, 1	74	*	12
Toast Melba, 1	28	*	4
Tom Collins, 1 grand verre	177		16
Tom et Jerry, 1 cocktail	177		7
Tomates, aspic aux tomates, p.n.	37		9
Tomates cuites ou en conserves, 1 tasse	52		10
Tomates fraîches, 1 moyenne	25		4
Tomates, ketchup de, 1 c. à table	25	*	4
Tomates, pizza aux, 1/6 — 12 po. dia.	203	*	23
Tomates, purée de, 1 tasse	90		16
Tomates, soupe aux, 1 tasse	103	*	13
Tomates, soupe crème de, 1 tasse	225	*	18
Tortilla, 1 de 5 pouces de dia.	50	*	10
Tortue, soupe à la, 1 tasse	126	*	0

	CAL	S	HC
Tripes en conserves, 4 onces	172	*	0
Tripes marinées, 4 onces	77	*	0
• Truite, 1/2 livre	224		0
• Truite frite, portion normale	221	*	T

V

	CAL	S	HC
Vanille, bonbon à la, 1	43		10
Vanille, crème glacée à la, p.n.	152		14
Vanille, crème glacée aux cerises et à la, p.n.	152		14
Vanille, extrait de, 1 c. à table	8		0
Vanille, gaufrette à la, 1 moyenne	26		4
• Veau, cervelle de, p.n., 6 onces	202	*	2
• Veau, côtelette de, 1 moyenne	152		0
• Veau, côtelette de, frite, 1 moyenne	252		0
• Veau, côtelette de, grillée, 1 moyenne	152		0
• Veau, côtelette de, panée au four, 4 onces	224	*	8
• Veau, escalope de, portion normale	377	*	T
• Veau et piments, portion normale	327	*	0
• Veau Marsala, portion normale	302	*	T
• Veau, pain de, portion normale	251	*	3
• Veau, ragoût de, portion normale	252	*	15
• Veau, ris de, petite portion	126	*	0

P	ALIMENTS	CAL	S	HC
•	Veau, ris de, à la crème, 2 c. à table	172	*	3
•	Veau, rôti de, portion normale	152		0
•	Veau, steak de, portion normale	253		0
	Vermicelle, 3/4 de tasse	127	*	12
	Vert, piment, cuit, 1 gros	23		5
	Vert, piment, frais, 1 gros	38		5
	Vert, thé japonais, nature, 1 tasse	0		T
•	Viande, boulettes de, 1 à 2 onces	203		2
•	Viande, boulettes de, avec spaghetti, 2 moyennes et 1/4 de livre	372	*	16
•	Viande, pain de, portion normale	226	*	3
	Viande, sauce de, 1 c. à table	52	*	5
	Vichyssoise, 1 tasse	277	*	15
	Vinaigre, 1 once	0	*	1
	Vinaigre de pomme, 1 once	0	*	0
	Vinaigre et huile pour salade, 1/2 et 1/2 c. à table	48	*	0
	Vinaigrette à l'ail, 1 c. à table	102		4
	Vinaigrette à la française, 1 c. à table	102	*	2
	Vinaigrette à la française, avec ail et huile d'olive, 1 c. à table	102	*	4
	Vinaigrette, asperges à la, p.n.	172	*	4
	Vinaigrette au roquefort, 1 c. à table	126	*	T
	Vinaigrette, huile et vinaigre, 1/2 et 1/2 c. à table	48		0

P ALIMENTS	CAL	S	HC
Vinaigrette russe, 1 c. à table	52	*	T
• Virginie, jambon de, au four, p.n.	376	*	0

W

• Western, omelette, moyenne	326		1
• Wienerschnitzel, portion normale	403		7
Won Ton, chacun	88		7
Won Ton, poulet, 4 morceaux moyens	156		7
Won Ton, soupe, portion normale	251		7
Worcestershire Sauce, 1 c. à table	16		2

Y

Yaourt, 1 tasse	165		13
Yorkshire, pouding, portion normale	202	*	28

Z

Zeste de citron confit, 1 once	104	*	24
Zeste d'orange confit, 1 once	103	*	24
Zeste de pamplemousse confit, 1 once	105	*	24

BREUVAGES

(non alcoolisés)

P BREUVAGES	CAL	S	HC
B			
Boeuf, bouillon de, 1 tasse	32	*	0
Boissons gazeuses, portion normale	74		21
C			
Cacao au lait, 1 tasse	236		18
Cacao malté, 1 tasse	276		22
Cacao, moitié lait/moitié eau, 1 tasse	154		18
Café avec crème, 1 tasse, 1 c. à table	18		4
Café avec sucre, 1 tasse, 1 c. à table	18		4
Café, crème au, 1/2 tasse	127		14
Café espresso, 1 tasse	0		T
Café glacé, sans sucre ni crème, 1 tasse	0		T
Café instant, 1 tasse	0		T
Café noir	0		T
Café royal avec crème et sucre, 1 tasse, 2 c. à table de crème 1 c. à table de sucre	83		10
Café turc, 1 tasse, 5 c. à table de sucre	92		20

P BREUVAGES	CAL	S	HC
Café viennois, 1 tasse, 1 c. à table de crème fouettée, 2 c. à table de sucre	83		10
Cerises, soda aux, 6 onces	73		21
Chocolat chaud avec crème fouettée, 1 tasse	148		26
Citron, soda au, 6 onces	76		21
Cola, 6 onces	74		18

G

	CAL	S	HC
Gingembre, bière de, 6 onces	75		28
Ginger ale, 6 onces	72		16

J

	CAL	S	HC
Jus d'abricot, 6 onces	122		18
Jus d'ananas, 1 tasse	124		30
Jus de carottes, 1 tasse	52		13
Jus de citron, 1/2 tasse	30		9
Jus de citron, en conserves, 1/2 tasse	30	*	7
Jus de framboises rouges, 6 onces	102		12
Jus de grenade, 4 onces	101		9
Jus de légumes, 6 onces	72		7
Jus de lime, 4 onces	30		9

	CAL	S	HC
Jus de mandarine, 1/2 tasse	48		10
Jus de mûres, 6 onces	72		12
Jus de nectarine, 6 onces	101		19
Jus d'orange, en conserves, non sucré, 4 onces	53	*	13
Jus d'orange, en conserves, sucré, 4 onces	74	*	16
Jus d'orange frais, 4 onces	53		10
Jus de palourdes, 6 onces	52		0
Jus de pampemousse, 6 onces	73		18
Jlus de pampemousse, en conserves, non sucré, 6 onces	53	*	16
Jus de pamplemousse, en conserves, sucré, 6 onces	73	*	24
Jus de pamplemousse/orange, en conserves, non sucré, 6 onces	58	*	16
Jus de pamplemousse/orange, en conserves, sucré, 6 onces	109	*	24
Jus de papaya, 6 onces	75		30
Jus de poire, 8 onces	52		12
Jus de pomme, 1 tasse	125		28
Jus de pruneaux, en conserves, 1/2 tasse	85	*	23
Jus de raisin, 1/2 tasse	75		18
Jus de tomate, 1 tasse	48		10

L

	CAL	S	HC
• Lait, 3/4 de tasse	126		8
Lait au chocolat, 1 tasse	226		25
Lait chaud, 3/4 de tasse	125		8
Lait de babeurre, 1 tasse	84	*	12
• Lait de chèvre, 1 tasse	162	*	10
Lait de noix de coco, 1 tasse	64		10
• Lait de poule (egg nog), 1 tasse	302	*	25
• Lait écrémé, 1 tasse	84		13
• Lait entier avec Ovaltine, 1 tasse	226		22
Lait fouetté	352	*	30
Lait malté	402	*	26

O

	CAL	S	HC
Oolong, thé, nature, 1 tasse	0		T

S

	CAL	S	HC
Soda à l'ananas et à la crème glacée, portion normale	376	*	50
Soda à la crème glacée	376	*	71
Soda à la lime, 6 onces	76		19
Soda au citron, 6 onces	76		21

	CAL	S	HC
Soda aux fraises et à la crème glacée	376	*	71
Soda pétillant, 6 onces	76		19

T

	CAL	S	HC
Thé au jasmin, sans sucre ni crème, 1 tasse	0		T
Thé gacé, sans sucre ni crème, 1 verre	0		T
Thé instant, sans sucre ni crème, 1 tasse	0		T
Thé japonais, nature, vert, 1 tasse	0		T
Thé noir, 1 tasse	0		T
Thé Oolong, nature, 1 tasse	0		T

BREUVAGES
(alcoolisés)

P BREUVAGES	CAL	S	HC

A

Abricot, liqueur de, et brandy, 1 petit verre	76		7
Anis, liqueur à l', 1 petit verre	83		7

B

Bacardi au rhum, 1-1/2 once	102		0
Bénédictine, liqueur de, 1 petit verre	74		7
Bière, 1 bouteille de 12 onces	152		13
Bleuets, liqueur de, 1 petit verre	76		7
Boisson au rhum, 1 verre moyen	226		19
Bourbon, 1 verre	102		0
Brandy, 1 verre	73		0
Brandy Alexander, 1 cocktail	243		1
Brandy et lait de poule (egg nog), 1 tasse	301		25
Brandy et mûres, liqueur de, 1 petit verre	72		0
Brandy et pêches, liqueur de, 1 petit verre	75		7
Brandy, punch au, 1 tasse	224		22
Brandy et raisin, liqueur de, 1 petit verre	74		7

C

	CAL	S	HC
Cerises, cidre de, 6 onces	74	10	
Cerises, liqueur de, 1 petit verre	79	7	
Champagne, 1 coupe	86	4	
Champagne cocktail, 6 onces	104	10	
Chartreuse, liqueur le, 1 petit verre	78	7	
Cidre, 1 tasse	102	25	
Cidre de cerises, 6 onces	74	10	
Cidre de pomme, doux, 3/4 de tasse	73	13	
Cidre de pomme, fort, 1 verre	73	13	
Cocktail Alexander, 1	223	1	
Cocktail Cuba Libre, 1	224	19	
Cocktail Daiquiri, 1	124	7	
Cocktail Manhattan, 1	176	3	
Cocktail Martini, 1	125	T	
Cognac, 1 petit verre	76	0	
Cola et rhum, 1 verre	177	21	
Crème de cacao, 1 petit verre	78	7	
Crème de menthe, 1 petit verre	78	7	

E

	CAL	S	HC
Erable, liqueur de, 1 petit verre	78	7	

	CAL	S	HC

F

	CAL	S	HC
Fizz au sloe gin, 1 verre	152		5
Fizz au whisky, 1 verre	126		5
Framboise, liqueur de, 1 verre	76		7

G

	CAL	S	HC
Gin, 2 onces	152		0
Gin Alexander, 1 cocktail	227		1
Gin Collins, 1	152		14
Gin et tonic, 1	125		11
Gin fizz, 1	125		4
Gin Rickey, 1	152		4
Grenadine, sirop de, 1 c. à table	56		T
Grog chaud, 6 onces	178		0

I

	CAL	S	HC
Irlandais, whisky, 1	104		T
Italian, Vermouth, 2 onces	52		T

K

	CAL	S	HC
Kümmel, liqueur de, 1 once	76		0

L

	CAL	S	HC
Lait de poule (egg nog), avec brandy 1 tasse	301	*	25
Lait de poule (egg nog), avec rhum, 1 tasse	305	*	25
Lait de poule (egg nog), avec sherry 1 tasse	405	*	25
Lait de poule (egg nog), avec whisky, 1 tasse	405	*	25

M

	CAL	S	HC
Menthe, whisky, frappé à la, 8 onces	216		11
Mûres, liqueur de, 1 petit verre	103		7

O

	CAL	S	HC
Old Fashioned, 1 cocktail	151		5
Old Fashioned, avec scotch, 1	176		5
Orange Blossom, 1 cocktail	172		8

P

	CAL	S	HC
Pêches, liqueur de, 1 petit verre	74		7
Pink Lady, 1 cocktail	175		T
Planters Punch, 1 verre	177		10

R

	CAL	S	HC
Rhum, boisson au, 1 verre moyen	226		19
Rhum, Carioca au, 1 verre	104		0
Rhum chaud, avec beurre, 1 verre	152		0
Rye whisky, 1 verre	102		T

S

	CAL	S	HC
Scotch, 1 verre	102		0
Scotch et soda, 1 verre	176		0
Sherry, 1 verre	126		5
Sloe gin, 1 once	77		3
Sukiyaki, portion normale	377	*	4

V

	CAL	S	HC
Vermouth, 1 petit verre	53	2	
Vermouth français, 2 onces	32	T	
Vermouth italien, 2 onces	52	8	
Vin blanc, 1 verre	137	4	
Vin Bordeaux, 1 verre	123	4	
Vin Bordeaux, blanc, 1 verre	123	4	
Vin Bourgogne, 1 verre	84	4	
Vin Bourgogne pétillant, 1 verre	84	4	
Vin Chablis, 1 verre	73	4	
Vin Claret, 1 verre	79	2	
Vin de Madère, 1 verre	74	5	
Vin de Muscat, 1 verre	152	4	
Vin de sureau, 1 verre	126	6	
Vin du Rhin, 1 verre	77	4	
Vin Rielsling, 1 verre	76	4	
Vin rouge, 1 verre	77	4	
Vin Sauterne, doux, 1 verre	102	4	
Vin Sauterne, sec, 1 verre	76	1	
Vin Tokay, 1 verre	72	6	
Vodka, 1 once	126	T	

W

	CAL	S	HC
Whisky à l'eau, moyen	152	18	
Whisky Sour, moyen	127	6	

 ACHEVÉ D'IMPRIMER
EN JANVIER **1993**
SUR LES PRESSES DE
PAYETTE & SIMMS INC.
À SAINT-LAMBERT, P.Q.